AQA French

Grammar & Translation Workbook

A LEVEL AND AS

Steve Harrison

OXFORD
UNIVERSITY PRESS

Great Clarendon Street, Oxford, OX2 6DP, United Kingdom

Oxford University Press is a department of the University of Oxford. It furthers the University's objective of excellence in research, scholarship, and education by publishing worldwide. Oxford is a registered trade mark of Oxford University Press in the UK and in certain other countries.

First published in 2017

British Library Cataloguing in Publication Data

Data available

978-0-19-841553-4

14

Paper used in the production of this book is a natural, recyclable product made from wood grown in sustainable forests.

The manufacturing process conforms to the environmental regulations of the country of origin.

Printed in China by Golden Cup

Cover photograph: Tibor Bognar/Getty Images

The manufacturer's authorised representative in the EU for product safety is Oxford University Press España S.A. of El Parque Empresarial San Fernando de Henares, Avenida de Castilla, 2 – 28830 Madrid (www.oup.es/en or product.safety@oup.com). OUP España S.A. also acts as importer into Spain of products made by the manufacturer.

Contents

Introduction

Grammar and translation in the AQA exams

Each of the papers in the AS and A Level exams will measure your ability to manipulate language accurately, using a range of structures, with a specific mark awarded for quality of language. A sound grasp of the grammar points that appear in the specification lists is therefore essential.

For the AS exam you will need to be able to translate 70 words from French into English and from English into French, with content based on the specification themes and sub-themes. For A Level this will be 100 words.

How to use this book

The grammar transition section at the start of this book will help you bridge the gap between GCSE and AS/A Level, or refresh the basics at the start of A Level Year 2. There may be particular areas where you are lacking confidence or which you wish to revise.

The remainder of the book is divided into four sections, with the order of grammar points generally reflecting the order in which they are covered in OUP's AQA French AS/A Level Year 1 and A Level Year 2 Student Books. This is to allow students who are using these books to practise as they go along, reinforcing what has been learned in the classroom with further activities at home. Alternatively you may wish to focus on areas of particular difficulty or work through a particular section as part of your revision plan.

Grammar practice

Each page in this section focuses on a specific grammar point, some of which are returned to and developed throughout the book. Different activities will test your ability to recognise and to apply particular rules and structures, with grammar and tip boxes to help you.

Mixed practice

Once you've covered all the grammar points in one section, you're ready for the mixed practice activities. These allow you to practise the grammar points you've been working on without additional guidance, preparing you to apply the structures confidently and fluently in the exams.

Translation practice

Each section ends with four pages of translation practice, divided into two pages of French to English translation, and two pages of English to French translation. The first page of each pair practises translating short phrases and expressions, with additional hints and tips. The second page features three passages to translate, each between 70 and 100 words. The vocabulary and themes covered are based on the AS Level specification, with some inclusion of A Level themes for the 100-word passages.

Additional features

> ### 🔡 Grammaire
> Grammar boxes offer a concise explanation of the point being covered.

> ### ☑ Astuce
> Tip boxes offer extra 'handy hints' for tackling different questions, for remembering particular rules and for approaching translation activities.

⭐ Activities marked with a star cover grammar you may be expected to produce in an exam at A Level Year 2 only.

🄡 Activities marked with an R indicate grammar that you may need to recognise in the exam but that you won't be expected to produce.

Verb tables and answers are supplied at the back of the book.

1 In the word search, find a French word for each of the following categories. You may find some words which don't fit any of the categories.

a   a masculine noun for a bird _____

b   a feminine noun for a fruit _____

c   a feminine noun for an animal _____

d   the plural form of a masculine noun for a bird _____

e   a profession in the masculine _____

f   a profession in the feminine _____

g   a country name that's masculine _____

h   a country name that's feminine _____

X	T	O	R	T	U	E
C	A	N	A	D	A	T
A	P	Q	U	F	C	O
N	C	O	Q	S	T	R
A	C	T	E	U	R	A
R	W	M	E	L	I	N
D	M	K	W	Z	C	G
É	C	O	S	S	E	E
L	I	O	N	A	N	E

> ### ◘ Grammaire
> **Definite and indefinite articles**
> Nouns in French are usually used with an article. The article tells us the gender (masculine, feminine) and the number (singular, plural). There are indefinite articles (*un, une, des* – a, some), definite articles (*le, la, les* – the) and partitive articles (*du, de la, des* – some/any). In English we sometimes leave out the article when in French it must be used: *j'aime le fromage* (I like cheese), *il vend du pain* (he sells bread).

2 Match the French and English sentences.

a   J'aime le roman.

b   J'aime les romans.

c   Les étudiants partent à l'étranger.

d   Les étudiantes préfèrent les langues.

e   Tu as mangé du gâteau?

f   Tu as mangé le gâteau?

g   Elle a acheté un poisson.

h   Elle a acheté du poisson.

i   Did you eat the cake?

ii   Did you eat some cake?

iii   She bought some fish.

iv   She bought a fish.

v   I like the novel.

vi   I like novels.

vii   Female students prefer languages.

viii   The students are going abroad.

3 Rewrite each sentence so the subject and the verb are in the plural. Watch out for adjective agreements and verb endings!

a   Le petit oiseau chante. _____

b   Le chat est sur la table. _____

c   L'enfant écrit une lettre. _____

d   Le frère mange du gâteau. _____

e   La souris mange du fromage. _____

f   Le feu est rouge. _____

g   Le cheval est gris. _____

h   La fille est amoureuse. _____

> ### ◘ Grammaire
> **The plural**
> In French, the plural is normally formed by adding an *-s* to the singular form of the noun. However, some nouns add an *-x* or change to *-aux* instead.
>
> | singular | plural |
> |---|---|
> | le genou | les genoux |
> | un chou | des choux |
> | un château | des châteaux |
> | un feu | des feux |
>
> | le journal | les journaux |
> |---|---|
> | un animal | des animaux |
> | un cheval | des chevaux |
>
> Some nouns stay the same.
>
> | une souris | des souris |
> |---|---|

1 Find in the grid 10 adjectives which come before the noun. Which are in the feminine form? Which adjective can be both masculine and feminine?

B	E	A	U	K	D	J	G
O	J	S	P	G	M	E	R
N	O	U	V	E	A	U	A
P	L	T	I	N	U	N	N
E	I	R	E	T	V	E	D
T	E	Z	U	I	A	X	E
I	V	Q	X	L	I	Q	M
T	X	G	R	O	S	S	E

_____   _____

_____   _____

_____   _____

_____   _____

_____   _____

🇫 Grammaire

Adjectives describe the appearance or characteristics of objects or people. In French, the endings of adjectives change depending on the gender and number of the noun described.

- If the noun described is feminine singular, normally you add an -e to the masculine form of the adjective.
- Add an -s if the noun is masculine plural.
- Add -es if it is feminine plural.

Adjectives usually follow the word they describe, but a small number of common adjectives, such as *grand* and *petit*, come before it.

2 Write out the adjective in brackets in the correct form. Don't forget the agreement rules!

a   Ma voiture est trop (*petit*).   _____

b   J'adore les fleurs (*bleu*).   _____

c   Il a de très (*mauvais*) résultats.   _____

d   Les romans sont (*intéressant*).   _____

e   Elle adore les (*grand*) vacances.   _____

f   Les films d'amour sont (*nul*).   _____

g   C'est ma chanteuse (*préféré*).   _____

h   Ses parents sont trop (*strict*).   _____

3 Irregular adjectives. Write these irregular feminine singular forms in the masculine singular, using a dictionary if necessary. Then, on a sheet of paper, write some rules for forming the feminine forms of these adjectives.

feminine singular	masculine singular
première	
moyenne	
sportive	
heureuse	
traditionnelle	
complète	
blanche	
sèche	
gentille	

4 Underline the correct form of the adjective in these sentences.

a   Sa maison est très **grand / grande / grandes**.

b   Le chat **noir / noire / noirs** est gros.

c   J'ai de très **mauvais / mauvaise / mauvaises** notes.

d   Les films de science-fiction sont **ennuyeux / ennuyeuse / ennuyeuses**.

e   Sa mère et ses sœurs sont **gentille / gentils / gentilles**.

1 Write out the sentences with the correct present tense form of each of the regular -er, -ir and -re verbs in brackets.

Example: Elle (**commencer**, **finir**, **perdre**) ses devoirs. → *Elle commence / Elle finit / Elle perd ses devoirs.*

a Le bus (**arriver**, **ralentir**, **attendre**) devant la gare.

_____

b Nous (**acheter**, **choisir**, **vendre**) une nouvelle voiture.

_____

c Les spectateurs (**écouter**, **applaudir**, **entendre**) le chanteur.

_____

d Les professeurs (**corriger**, **remplir**, **rendre**) les formulaires.

_____

e Je (**monter dans**, **rougir dans**, **descendre de**) la voiture.

_____

f Est-ce que tu (**poser**, **réfléchir à**, **répondre à**) la question?

_____

> **⊞ Grammaire**
>
> There is only one present tense in French: *je joue* means both 'I play' and 'I am playing'. Here are the endings for all regular verbs.
>
> | -er verbs | -ir verbs | -re verbs |
> |---|---|---|
> | je jou**e** | je fin**is** | je vend**s** |
> | tu jou**es** | tu fin**is** | tu vend**s** |
> | il/elle/on jou**e** | il/elle/on fin**it** | il/elle/on vend |
> | nous jou**ons** | nous fin**issons** | nous vend**ons** |
> | vous jou**ez** | vous fin**issez** | vous vend**ez** |
> | ils/elles jou**ent** | ils/elles fin**issent** | ils/elles vend**ent** |
>
> However, remember that many verbs ending in -ir and -re are <u>not</u> regular!

2 Although most verbs are regular, there are some important high-frequency verbs that are irregular and which you need to know. Fill in the table below, using a verb table if necessary.

verb	*je* form	*tu* form	*il/elle* form	*nous* form	*vous* form	*ils/elles* form
faire *to do*			fait			font
mettre *to put*	mets			mettons	mettez	
prendre *to take*		prends	prend	prenons	prenez	
dire *to say/tell*	dis					disent
voir *to see*		vois	voit	voyons		
avoir *to have*		as			avez	ont
être *to be*	suis			sommes		
aller *to go*			va		allez	

> **☑ Astuce**
>
> The verbs *avoir* (to have) and *être* (to be) are used to form the perfect tense and are known as auxiliary verbs. It is worth making sure that you know these verbs very well.

3 Fill in the gaps using one of the verbs in the table.

a Elle ne _____ jamais la vérité.

b Je _____ le bus pour aller au collège.

c Nous _____ la table avant de manger.

d En hiver, il _____ souvent froid.

e Le samedi, les deux frères _____ leurs grands-parents.

f Mon frère _____ à la piscine tous les samedis.

g Vous _____ assez de temps?

h Nous _____ en retard.

1 Match the beginning of each sentence (a–h) to the correct ending (i–viii). Then, on a sheet of paper, translate the complete sentences into English.

a   Nous avons regardé…

b   J'ai mangé…

c   Les filles ont joué…

d   Mon ami a répondu…

e   As-tu fini de…

f   Vous êtes arrivé à…

g   On est allés…

h   J'ai passé deux heures à…

i   …à la question.

ii …faire mes devoirs.

iii …faire tes devoirs?

iv …un film à la télé.

v   …quelle heure?

vi …à la piscine.

vii …au foot.

viii …un gros morceau de gâteau.

> ### 🇫🇷 Grammaire
>
> The perfect tense describes completed actions in the past which are limited by time, such as things which happened only once. For example, *J'ai joué* can mean 'I played or 'I have played'.
>
> To form the perfect tense, you use the present tense of the auxiliary verb *avoir* or *être* followed by the past participle of the verb. Most verbs take *avoir* but a small number use *être*.
>
> To form the past participle, use the infinitive of the verb but replace the ending:
> - all -*er* verbs end in -*é*
>   (mang**er** ➔ mang**é**)
> - regular -*ir* verbs end in -*i*
>   (fin**ir** ➔ fin**i**)
> - regular -*re* verbs end in -*u*
>   (vend**re** ➔ vend**u**).

2 Irregular verbs do not follow a pattern in forming their past participles. Find the past participles of these verbs in the word snake.

> être avoir prendre boire voir mettre recevoir
> ouvrir pouvoir devoir dire lire

p u e u v u r e ç u p r i s l u d i t d û m i s o u v e r t é t é b u

3 Fill in the gaps in these sentences with an appropriate past participle from the word snake above.

a   Nous avons _____ le journal.

b   Ils ont _____ beaucoup de café.

c   J'ai _____ la porte.

d   Les filles ont _____ le bus pour aller au centre-ville.

e   Est-ce que tu as _____ mon portable?

f   Est-ce que vous avez _____ bonjour à votre grand-mère?

g   Hier, elle a _____ une carte d'anniversaire.

h   Il a _____ son imperméable à cause de la pluie.

i   Malheureusement, il n'a pas _____ venir.

j   Elles ont _____ rester chez elles pour faire leurs devoirs.

4 Underline the correct past participle in these sentences.

a   Le bus est **arrivé** / **arrivée** / **arrivés** en retard.

b   Nous sommes **resté** / **restée** / **restées** à la maison.

c   Elle est **tombé** / **tombée** / **tombées** de son vélo.

d   Mathilde, à quelle heure est-ce que tu es **rentré** / **rentrée** / **rentrés**?

e   Je suis **descendue** / **descendus** / **descendues** du train.

f   Est-ce que vous êtes **parti** / **partie** / **parties** à l'heure, Marie?

g   Léa et Océane sont **entrée** / **entrés** / **entrées** dans la salle.

h   Philippe et Oscar sont **né** / **nés** / **nées** dans la même ville.

> ### 🇫🇷 Grammaire
>
> Some verbs take *être* instead of *avoir* as the auxiliary verb needed to form the perfect tense. The past participle in this case has to match the gender and number of the subject: *il est arrivé* (he arrived) but *elle est arrivée* (she arrived), *mes frères sont partis* (my brothers left) but *mes sœurs sont parties* (my sisters left).

🔲 Grammaire

To make a verb negative, add *ne* before the verb and *pas* after it: *elle **ne** travaille **pas*** (she doesn't work). If the verb starts with a vowel or a silent *h*, use *n'* instead of *ne*. Other negative expressions are used in the same way.

ne … jamais – never

Il ne joue jamais au foot. He never plays football.

ne … plus – no longer

Elle n'est plus à Paris. She's no longer in Paris.

ne … rien – nothing

Il ne voit rien. He sees nothing.

ne … personne – nobody / no-one

Il ne respecte personne. He respects no-one.

ne … ni … ni – neither … nor

Je n'ai ni frères ni sœurs. I've neither brothers nor sisters.

ne … aucun(e) – not any / no

Elle n'a aucune idée. He has no idea.

ne … nulle part – nowhere

Tu ne vas nulle part. You're going nowhere.

ne … que – only*

Je n'ai qu'un frère. I only have one brother.

*This is known as a restrictive expression but is formed like a negative.

---

1 Read the text and answer the questions.

Nathan ne mange jamais de viande. Emma ne fume plus de cigarettes. Lucas ne mange ni fruits ni légumes. Manon n'a aucun sens de l'humour. Oscar ne va nulle part. Camille n'a que deux euros. Le matin, Hugo ne veut rien boire et il ne veut rien manger. Sophie n'écoute personne.

a Who does not have any breakfast? _____

b Who is short of money? _____

c Who is vegetarian? _____

d Who seems quite serious? _____

e Who has given up smoking? _____

f Who seems to have an unhealthy diet? _____

g Who doesn't take others' advice? _____

h Who likes staying at home? _____

🔲 Grammaire

Some negative expressions can be used as the subject of a sentence.

Rien ne *se passe.* Nothing's happening.

Personne ne *m'aime.* Nobody loves me.

After negative expressions, *un/une, du/ de la/des* change to *de* (or *d'*).

*Je n'ai pas **de** stylo.* I don't have a pen.

In the perfect tense, make the auxiliary negative.

*Je **ne** suis **pas** allé.* I didn't go.

*Elle **n'a rien** fait.* She did nothing.

However, note *je **n'ai** vu **personne*** (I saw nobody).

---

2 Reorder the words in these negative sentences so that they make sense.

a piscine vais je plus la à ne

_____

b restaurant mangé il n'a au rien

_____

c ne mange elle ni ni poisson viande

_____

_____

d n'a il personne rencontré

_____

e suis jamais je Italie ne allée en

_____

f il pleut ne elle nulle va part parce qu'

_____

_____

---

3 Rewrite these sentences in the negative form using the negative expression in brackets.

a J'ai piloté un avion. (*never*)

_____

b Il veut manger. (*nothing*)

_____

c J'ai un problème. (*not any / no*)

_____

d Il fait un repas par jour. (*only*)

_____

e Nous avons soif. (*no longer*)

_____

f Il a rencontré ma mère. (*never*)

_____

1 Fill in the gaps with the correct form of the verb *aller*. Then translate the sentences into English.

a Je _____ aller en Italie l'année prochaine.

_____

b Demain, Sarah et Manon _____ aller au cinéma.

_____

c Lucas _____ manger chez nous ce soir.

_____

d Plus tard, nous _____ faire une promenade au parc.

_____

e Qui _____ gagner?

_____

f Les deux garçons _____ faire de la natation.

_____

g Quand est-ce que vous _____ rentrer?

_____

h Est-ce que tu _____ faire du shopping avec moi?

_____

> ### ⚑ Grammaire
>
> The immediate future is used to talk about what is **going to happen** in the future. It is usually used for talking about what you are about to do in the near future.
>
> To form the immediate future, use the present tense of the verb *aller* (*je vais, tu vas, il va, elle va, nous allons, vous allez, ils vont, elles vont*) followed by the infinitive of the main verb.
>
> *Je **vais regarder** la télévision ce soir.* I'm going to watch TV tonight.
>
> It's often used with such time expressions as *bientôt* (soon), *plus tard* (later), *ce soir* (tonight), *demain* (tomorrow), *la semaine prochaine* (next week).

2 Rewrite these sentences in the immediate future using the correct form of *aller* and the infinitive of the main verb.

a Nous achetons des provisions. _____

b À quelle heure est-ce que vous partez? _____

c Tu étudies pour ton examen? _____

d Ils font un gros gâteau. _____

e Les filles jouent au foot dans le jardin. _____

f Qui répond à la question? _____

g Je te rends ton stylo tout de suite. _____

h Elle me téléphone à six heures. _____

3 Write <u>six</u> sentences about your own plans for the future, using a mixture of positive and negative expressions.

_____

_____

_____

_____

_____

_____

_____

_____

_____

> ### ⚑ Grammaire
>
> To make sentences in the immediate future negative, place *ne* before the part of *aller*, and *pas / jamais / plus* after it.
>
> *Je **ne** vais **jamais** parler à mon frère.* I'm never going to speak to my brother.
>
> Note, however, *elles **ne** vont rencontrer **personne*** (they're not going to meet anybody).

◘ Grammaire

The personal pronoun is used as the subject of the verb and tells you who or what is performing the action in the sentence. Here is the verb *être* with personal subject pronouns.

1st person singular	*je* suis (**I** am)
2nd person singular	*tu* es (**you** are)
3rd person singular	*il/elle/on* est (**he/it / she/it / one** is)
1st person plural	*nous* sommes (**we** are)
2nd person plural	*vous* êtes (**you** are)
3rd person plural	*ils/elles* sont (**they** are)

The pronoun *on* is used for a variety of reasons. It does not refer to any specific person.

On y va? Shall **we** go?

On frappe à la porte. **Somebody**'s at the door.

En France, on aime bien manger. In France, **people** like to eat well.

On peut voir la tour Eiffel à gauche. **We/You** can see the Eiffel Tower on the left.

1 Underline the correct personal pronoun to complete each sentence.

a **Je / Tu / Nous** joue de la guitare dans un groupe.

b **Je / Tu / Elle** parles français.

c **Il / Elles / Ils** sont arrivés en retard.

d **Tu / Vous / On** a un gros problème.

e **Nous / Vous / Elles** allons visiter la tour Eiffel.

f **On / Elle / Elles** ont un gros chien noir.

g **Tu / Nous / Vous** avez une carte d'identité?

h **Elle / Ils / Elles** lit un nouveau roman.

2 Underline the correct pronoun in each sentence.

a Je ne sais pas, **moi / toi**.

b J'aime les fraises. Et **tu / toi**?

c **Eux / Elles**, ils aiment faire du vélo.

d Voici un cadeau pour **toi / tu**.

e Je ne peux pas vivre sans **il / lui**.

f Les filles sont en retard – on va manger sans **eux / elles**.

g Marie et Florian, j'ai quelque chose pour **toi / vous**.

h Clara étudie beaucoup mais Félix, **lui / elle**, est paresseux.

3 Fill in the gaps with the correct subject pronoun <u>or</u> emphatic pronoun.

a Pierre ne fait pas attention. _____ est tombé de son vélo.

b Ma mère et _____ avons fait du shopping.

c _____ veux emprunter le livre?

d Maman est en colère. _____ a vu ta facture de téléphone.

e Léa et Anna aiment la pâtisserie. _____ font un gâteau.

f Tu es fort, mais je suis encore plus fort que _____.

g _____, je préfère les films de guerre. Et _____?

h Comment trouvez-_____ mon poème?

◘ Grammaire

Another type of personal pronoun is <u>not</u> used as the subject of the verb and stands alone. It is used for emphasis and is known as the emphatic or stressed pronoun. The emphatic pronouns are below.

moi	me
toi	you
lui	him
elle	her
nous	us
vous	you
eux	them (masculine plural)
elles	them (feminine plural)

– *Qui a parlé?*	– Who spoke?
– *Moi!*	– I did / Me!
Il est fou, lui.	He's mad (he is).
J'aime les fraises. Et toi?	I like strawberries. What about you? / Do you?

The emphatic pronoun is also used after prepositions, e.g. *pour* **moi** (for me), *sans* **toi** (without you), *avec* **eux** (with them).

1 Remplissez le tableau avec la bonne forme du verbe.

	pouvoir	vouloir	devoir	savoir
je	peux			sais
tu		veux		
il/elle/on			doit	
nous	pouvons			
vous		voulez		savez
ils/elles	peuvent		doivent	

> **Grammaire**
>
> The present tense of modal verbs is often forgotten, especially in the plural forms. The modal verbs are *pouvoir* (to be able, can), *vouloir* (to want), *devoir* (to have to, must), *savoir* (to know). All these verbs are followed by the infinitive.

2 Complétez les phrases avec la bonne forme d'un verbe modal. Choisissez dans le tableau de l'activité 1.

a Il ne _____ pas travailler parce que son ordinateur est en panne.

b Elle ne _____ pas conduire: elle n'a que quinze ans.

c Les enfants n'ont pas le droit de sortir ce soir: ils _____ faire leurs devoirs.

d Je suis ambitieux. Je _____ avoir un emploi bien payé.

e Il y a un grand choix de sports. On _____ jouer au badminton, faire du judo ou faire de la gymnastique.

f Vous pouvez venir chez moi si vous _____ .

g Le prof est très strict. Ses élèves _____ faire attention et se taire.

h Je suis nulle. Je ne _____ même pas télécharger un logiciel!

> **Astuce**
>
> *Pouvoir* and *savoir* can both be translated as 'can'.
>
> *Je ne **peux** pas nager* means 'I can't swim' in the sense of 'I know how to swim but I am not able to swim at the moment because I have no costume or it's too cold'.
>
> *Je ne **sais** pas nager* also means 'I can't swim' but in the sense of 'I don't know how to swim as I've never been taught'.

3 Voici le verbe *venir* mais les lettres sont mélangées. Remplissez le tableau avec la bonne forme de *venir*.

		correct spelling
je	snive	
tu	vines	
il/elle	nivet	
nous	snovne	
vous	zenev	
ils/elles	teenvinn	

> **Grammaire**
>
> The present tense of *venir* + *de* followed by an infinitive is used to talk about what has just happened. In other words, in French, you use the present tense not the perfect: *je viens de manger* (I've just eaten), *elles viennent d'arriver* (they've just arrived).

4 Voici des phrases au passé composé. Réécrivez les phrases en utilisant l'expression *venir de* au présent.

Exemple: Il est sorti avec ses copains. *Il vient de sortir avec ses copains.*

a Ils ont mangé tous les biscuits.

_____

b J'ai créé un blog.

_____

c Tu as vu ma mère?

_____

d Est-ce que vous avez envoyé le texto?

_____

e Paul a perdu sa clé USB.

_____

f J'ai manqué le dernier bus.

_____

g Nous avons réussi nos examens.

_____

h Elle a posté de nouvelles photos.

_____

1 Remplissez les blancs avec le bon pronom réfléchi.

a Elles _____ retrouvent devant le café.

b Il _____ regarde dans la glace.

c Je _____ sers d'un écran tactile.

d Nous _____ méfions des logiciels de traduction.

e Tu _____ souviens de mon frère?

f Ils _____ soucient de leur fils, c'est normal.

2 Complétez les phrases en mettant le verbe entre parenthèses au présent.

a Je _____ (se lever) toujours à sept heures.

b Nous _____ (se promener) dans les bois.

c Ses amis _____ (se moquer) de lui.

d On _____ (s'amuser) bien en cours de français.

e Vous _____ (se débrouiller) très bien.

f Tu _____ (se coucher) toujours trop tard!

3 Remplissez les blancs avec la bonne forme du verbe pronominal qui convient. Choisissez le bon verbe dans la case. Attention! Vous n'avez pas besoin de tous les verbes.

> se coucher   se tromper   s'ennuyer   s'entendre   se moquer   s'amuser
> se rencontrer   se réveiller   se souvenir   se brosser   se dépêcher   se sentir

a Je n'ai pas besoin de _____ les dents. Je l'ai fait ce matin.

b Ils ne _____ pas bien. Ils se disputent tout le temps.

c Ils doivent _____. Ils vont être en retard.

d Je _____ bien avec Sébastien. On fait toujours des jeux ensemble sur mon ordinateur.

e Je crois qu'il est malade. Il ne _____ pas bien.

f Vous devriez _____ avant dix heures. Sinon vous serez fatigués demain.

g Elle n'aime pas aller chez mes grands-parents. Il n'y a rien à faire. Elle _____ tout le temps.

h Tu n'es pas très bon en maths. Tu _____ souvent.

4 Traduisez les phrases complètes de l'activité 3.

a _____

b _____

c _____

d _____

e _____

f _____

g _____

h _____

⚡ Grammaire

A reflexive verb can be identified by its reflexive pronoun, which comes before the verb, e.g. *se laver*. A reflexive verb usually shows that the subject is performing an action on itself and so the subject and the reflexive pronoun refer to the same person or thing.

*je **me** lave*	I wash (myself) / I'm having a wash
*tu **te** laves*	you're having a wash
*il/elle **se** lave*	he/she is having a wash
*nous **nous** lavons*	we're having a wash
*vous **vous** lavez*	you're having a wash
*ils/elles **se** lavent*	they're having a wash

Some verbs are always reflexive, such as *se souvenir* (to remember), but most can also be used without the reflexive pronoun if the action is being performed on an object, e.g. *elle lave la voiture* (she's washing the car).

1 Remplissez les blancs avec la bonne forme du verbe à l'imparfait.

a En 2013, nous _____ (habiter) à Nice.

b Pendant mon enfance, j'_____ (écouter) des comptines.

c Est-ce que tu _____ (dîner) toujours à 19 heures?

d Elles lui _____ (rendre) visite tous les jours.

e Avant, ils _____ (jouer) souvent de la guitare.

f Est-ce que tu _____ (connaître) cet acteur?

g Est-ce que vous _____ (lire) toujours ses romans?

h Le voleur _____ (avoir) les cheveux noirs et les yeux gris.

2 Reliez les débuts de phrases (à l'imparfait) avec les fins (au passé composé).

a Elles passaient devant la gare…

b Nous mangions…

c Elle jouait au hockey…

d Il pleuvait à verse,…

e Elle était devant la tour Eiffel…

f Pendant que je dormais…

g J'étais sur le point de sortir…

h Il avait très soif…

i …quand elle s'est blessée.

ii …alors il a sorti son parapluie.

iii …quand il les a vues.

iv …quand tu nous as appelés.

v …quand tu es arrivée.

vi …quand elle a pris un selfie.

vii …donc il est allé au café.

viii …on m'a pris en photo.

> ## ✅ Astuce
>
> The imperfect tense is often used at the start of a story in order to set the scene. The main events of the story use the perfect tense, which is used for actions that are completed within a specific time.

> ## 🔛 Grammaire
>
> To form the imperfect tense, take the *nous* form of the present tense, remove the -*ons* and add the imperfect tense endings as shown below.
>
> *Être* is the only verb not to use the *nous* form to form the imperfect, but the endings do not change.
>
> | j'ét**ais** | I was |
> |---|---|
> | tu ét**ais** | you were |
> | il/elle ét**ait** | he/she/it was |
> | nous ét**ions** | we were |
> | vous ét**iez** | you were |
> | ils/elles ét**aient** | they were |
>
> The imperfect is used to talk about things that **used to happen** regularly in the past.
>
> *Quand j'étais petite, j'allais souvent au cinéma.* When I was little, I often used to go to the cinema.
>
> It also expresses **interrupted action**.
>
> *Il faisait ses devoirs quand le téléphone a sonné.* He was doing his homework when the telephone rang.
>
> The imperfect is often used for **descriptions** in the past tense.
>
> *Elle avait les cheveux blonds et elle était petite.* She had blond hair and was small.

3 Voici un extrait de *La Parure*, un conte de Guy de Maupassant. Maupassant décrit le personnage principal, Mathilde. Mettez les verbes à l'imparfait.

a C'_____ (être) une de ces jolies et charmantes filles, nées, comme par une erreur du destin, dans une famille d'employés.

b Elle n'_____ (avoir) pas d'argent, pas d'espérances, aucun moyen d'être connue.

c Elle _____ (souffrir) sans cesse, se sentant née pour toutes les délicatesses et tous les luxes.

d La vue de la petite Bretonne qui _____ (faire) son humble ménage _____ (éveiller) en elle des regrets désolés et des rêves éperdus.

e Elle _____ (réfléchir) aux grands salons vêtus de soie ancienne, aux meubles fins et aux petits salons coquets parfumés.

f Elle ne _____ (posséder) pas de vêtements, pas de bijoux, rien.

g Elle avait une amie riche, une camarade de couvent qu'elle ne _____ (vouloir) plus aller voir, tant elle souffrait en revenant.

h Et elle _____ (pleurer) pendant des jours entiers, de regret, de désespoir et de détresse.

1 Trouvez dans la grille le participe passé de ces verbes irréguliers.

> courir prendre croire recevoir pouvoir devoir vouloir vivre mettre
> venir suivre lire voir boire conduire craindre connaître

T	L	K	C	S	Z	P	M	R
B	U	C	O	N	D	U	I	T
V	É	C	U	Y	Û	X	S	C
E	W	P	R	I	S	S	C	R
N	C	R	U	N	R	U	O	A
U	Q	L	T	M	E	I	N	I
D	X	V	U	P	Ç	V	N	N
D	V	O	U	L	U	I	U	T

_____ _____

_____ _____

_____ _____

_____ _____

_____ _____

_____ _____

_____ _____

_____

2 Soulignez le bon participe passé pour compléter les phrases.

a Elle a **vu** / **couru** / **lu** deux kilomètres.

b Ils ont **venus** / **mis** / **pris** le bus.

c Ce film a **reçu** / **lu** / **craint** de très bonnes critiques.

d Tu as **connu** / **couru** / **lu** son email?

e Est-ce que vous êtes **venu** / **couru** / **suivi** en taxi?

f Karine a **vécu** / **vu** / **venu** en Espagne pendant deux ans.

3 Remettez les phrases dans le bon ordre pour décrire la journée de Clémentine.

a Elle s'est douchée avant le petit déjeuner. ☐

b Elle s'est couchée vers onze heures. ☐

c Après le dîner, elle a fait ses devoirs. ☐

d Clémentine s'est levée de bonne heure. `1`

e Elle a pris le petit déjeuner dans la cuisine. ☐

f À la pause-déjeuner, elle s'est détendue avec ses amies. ☐

g À la fin des cours, elle s'est dépêchée pour prendre le bus de 18 heures. ☐

h Elle a quitté la maison pour aller au lycée. ☐

> **🇫 Grammaire**
>
> All reflexive verbs need the correct reflexive pronoun after the subject: *me (m'), te (t'), se (s'), nous, vous, se (s')*.
>
> In the perfect tense, reflexive verbs use *être*: *je me suis levé* (I got up), *elle s'est promenée dans le bois* (she went for a walk in the wood), *ils se sont détendus* (they relaxed).

> **✅ Astuce**
>
> Don't forget to make the past participles agree with the subject if necessary.

4 Mettez les phrases au passé composé.

Exemple: Il s'intéresse au film. *Il s'est intéressé au film.*

a Elle se trompe de numéro.

_____

b Nous nous retrouvons devant la salle de concert.

_____

c Il se dispute avec ses parents.

_____

d Clara et Nathan s'embrassent.

_____

e Paul se perd dans le bois.

_____

f Elles s'amusent à la fête.

_____

1 Remplissez les blancs avec le bon infinitif de la case.

> apprendre cuisiner dire jouer marcher vouloir

Exemple: _____ au rugby est dangereux. _Jouer au rugby est dangereux._

a   Selon les gastronomes français, _____ est un art.

b   _____, c'est pouvoir.

c   _____ la vérité est important.

d   _____ le chinois est utile mais difficile.

e   Ne pas _____ sur l'herbe!

2 Mettez ces verbes dans la bonne colonne. Utilisez un dictionnaire si nécessaire.

> préférer refuser encourager vouloir détester apprendre commencer
> finir arrêter devoir pouvoir ~~réussir~~ ~~décider~~ savoir ~~aimer~~
> aider espérer oublier

verbe + infinitif	verbe + _à_	verbe + _de_
aimer	_réussir_	_décider_

Astuce

All prepositions in French (such as _à, de, pour, sans_) are followed by the infinitive. The only exception is the preposition _en_, meaning 'while'.

3 Écrivez les mots dans le bon ordre pour faire des phrases complètes.

a   elle des visiter préfère rencontre de sites.

_____

_____

b   encourage copains Arthur ses échanger fichiers des à.

_____

_____

c   copine voir films de refuse ma des sous-titrés.

_____

_____

d   apprends conduire est-ce tu à que?

_____

_____

e   afin de espère mon devenir à étudier frère l'université l'informatique programmeur.

_____

_____

f   devoirs petite j'aide ses ma sœur à faire hésiter sans.

_____

_____

g   quand de arrêté avez-vous depuis fumer?

_____

_____

h   Mathilde acheter pour des jeux vidéo des économise.

_____

_____

Grammaire

The infinitive can sometimes be used as a noun, often as the subject of a sentence, with the English equivalent ending in -ing: _étudier_ n'est pas facile (studying is not easy).

Infinitives always follow certain verbs, for example verbs of liking: _elle aime **chanter**_ (she likes singing / she likes to sing).

Some verbs are followed by _à_ + the infinitive: _j'ai réussi **à persuader**_ mes parents (I managed to persuade my parents).

Others require _de_ + infinitive: _nous avons décidé **de faire**_ un régime (we decided to go on a diet).

1 Reliez les phrases anglaises (a–h) à leur équivalent en français (i–viii).

a   She hates me.
b   He didn't see you.
c   He often meets them.
d   She doesn't like him.
e   I met him yesterday.
f   He often meets her.
g   He loves you.
h   I like meeting you.

i   Il les rencontre souvent.
ii   Je l'ai rencontré hier.
iii Il la rencontre souvent.
iv   Il ne t'a pas vu.
v   Elle me déteste.
vi   J'aime vous retrouver.
vii Elle ne l'aime pas.
viii Il t'adore.

🔎 Grammaire

Direct object pronouns in the perfect tense

The past participle of *avoir* verbs needs to agree with a feminine or plural direct object pronoun if it appears in front of *avoir*: *il **l'**a vu* (he saw **him**) but *il **l'**a vue* (he saw **her**); *je **les** ai achetés* (I bought **them**), *il **nous** a remarqués* (he spotted **us**).

🔎 Grammaire

A direct object pronoun replaces a noun that is the object of a sentence. The direct object pronouns in French are below.

French	English
me	*me*
te	*you*
le	*him/it*
la	*her/it*
nous	*us*
vous	*you*
les	*them*

Before a vowel or a silent *h*, *me* changes to *m'*, *te* changes to *t'*, *le* and *la* both change to *l'*. The pronoun comes **before** the verb: *j'aime les fraises* (I like strawberries) but *je **les** aime* (I like **them**); *elle a mangé le gâteau* (she ate the cake) but *elle **l'**a mangé* (she ate **it**).

If the verb is followed by a verb in the infinitive, the pronoun comes before the infinitive: *j'aime **la** regarder* (I like to look at **her**).

2 Soulignez la bonne forme du participe passé.

a   La tarte? Je l'ai **mangé** / **mangée** / **mangés** à midi.

b   Les clés? Il les a **laissé** / **laissés** / **laissées** à la maison.

c   Les lettres? Je les ai **postée** / **postés** / **postées** hier.

d   Paul a pris la voiture. Il l'a **pris** / **prise** / **prises** pour aller en ville.

e   Elle a vérifié les résultats. Elle les a **vérifié** / **vérifiés** / **vérifiées** deux fois.

f   On a volé ma voiture. On l'a **volé** / **volée** / **volées** hier.

g   Le château? On l'a **construit** / **construite** / **construits** au quinzième siècle.

h   Où est ta cravate? Je l'ai **perdu** / **perdue** / **perdus** la semaine dernière.

3 Remplacez le mot souligné par un pronom, puis réécrivez la phrase.

a   Il offre les fleurs à sa mère.

_____

b   Elle a vu Ahmed.

_____

c   Nous racontons l'histoire aux enfants.

_____

d   Mes parents n'aiment pas Anna.

_____

e   Julie promène le chien.

_____

f   Paul a perdu le portable.

_____

g   À quelle heure est-ce que vous avez rencontré le garçon?

_____

h   Est-ce que tu as vu Mickaëla?

_____

1 Écrivez l'équivalent en français des verbes anglais. Choisissez dans la case.

> parler à   demander à   dire à   donner à
> téléphoner à   écrire à   envoyer à   répondre à

anglais	français
to give to	
to ask	
to talk / speak to	
to send to	
to phone	
to answer / reply to	
to tell / say	
to write to	

> **⚡ Grammaire**
>
> Indirect object pronouns are used to say 'to me, to you', etc. The indirect object pronouns are *me/m', te/t', lui, nous, vous, leur*. Like direct object pronouns, they come before the verb: *je **lui** parle* (I'm speaking to him/her), *il **leur** envoie un message* (he's sending them a message), *je **vous** offre un cadeau* (I'm giving you a present).

2 Remplacez les mots soulignés avec un pronom complément d'objet indirect et réécrivez la phrase.

a Je donne la tablette <u>à Alex</u>.

_____

b Mes parents ont envoyé un message électronique <u>à leurs amis</u>.

_____

c Elle a écrit un texto <u>à Théo</u>.

_____

d Paul offre des fleurs <u>à sa mère</u>.

_____

e Elle a demandé <u>à ses parents</u> de se taire.

_____

f Il a donné un pourboire <u>à la serveuse</u>.

_____

g Elle a dit la vérité <u>à sa copine</u>.

_____

h Le perroquet a parlé <u>aux enfants</u>.

_____

> **✔ Astuce**
>
> When using direct and indirect object pronouns in the same sentence, the correct word order is as follows.
>
> | 1 | 2 | 3 |
> |---|---|---|
> | me | | |
> | te | le | |
> | se | la | lui |
> | nous | les | leur |
> | vous | | |

3 Choisissez la bonne traduction des phrases anglaises.

a They are sending it to me.
   i Ils me l'envoient.
   ii Ils le m'envoient.
   iii Il me l'envoie.

b He is replying to you.
   i Il répond toi.
   ii Ils te répondent.
   iii Il te répond.

c She is offering them to her.
   i Elle la leur offre.
   ii Elle les lui offre.
   iii Elle lui les offre.

d You can write it to me.
   i Tu peux me l'écrire.
   ii Tu le peux m'écrire.
   iii Tu peux le m'écrire.

e He's reading it to me.
   i Il moi le lit.
   ii Il le me lit.
   iii Il me le lit.

f He's going to phone us later.
   i Il nous va téléphoner plus tard.
   ii Il va vous téléphoner plus tard.
   iii Il va nous téléphoner plus tard.

1 Mettez les phrases au plus-que-parfait.

Exemple: Les enfants ont cassé le vase. *Les enfants avaient cassé le vase.*

a Mon ami a divorcé de sa femme.

_____

b Tu as épousé ton prince charmant?

_____

c Les filles ont vendu des gâteaux pour collecter de l'argent.

_____

d J'ai oublié de faire mes devoirs.

_____

e Nous sommes restés à la banque alimentaire jusqu'à midi.

_____

f Vous n'avez pas fait le ménage.

_____

> **⊞ Grammaire**
>
> You use the pluperfect tense to say what **had** happened, before another past action or event. In other words, the pluperfect is used to talk about actions further back in the past. To form the pluperfect tense, use the imperfect tense of *avoir* or *être* followed by the past participle: *j'avais mangé avant de partir* (I had eaten before leaving).
>
> The past participle of verbs which take *être* needs to agree with the subject: *elle **était partie** avant notre retour* (she had left before our return).

2 Reliez les phrases de gauche (au passé composé) à la bonne phrase de droite (au plus-que-parfait).

a	Elle a joué sans fautes.	**i**	Sa petite amie l'avait quitté.
b	Il a eu mal au cœur.	**ii**	Je lui avais pris sa place.
c	Il a beaucoup pleuré.	**iii**	Elle s'était beaucoup entraînée.
d	Il a réussi ses examens.	**iv**	Il avait trop mangé.
e	Elle s'est fâchée contre moi.	**v**	Elle avait apprécié la soirée.
f	Elle a remercié ses amis.	**vi**	Il avait beaucoup révisé.

3 Mettez les verbes entre parenthèses au plus-que-parfait.

a Maman m'a dit que ma grand-mère (*partir*) en vacances.

_____

b On m'a dit que le prof (*quitter*) le collège.

_____

c Il m'a dit que Léa (*sortir*) avec Oscar.

_____

d Elles nous ont dit que tu (*oublier*) la réponse.

_____

e Je lui ai dit que les voisins (*vendre*) leur maison.

_____

f Nous leur avons dit que vous (*perdre*) votre portable.

_____

> **⊞ Grammaire**
>
> **Reported speech**
>
> The pluperfect is often used to report what someone said.
>
> *Elle a dit: « Marie a fait une fugue. »* She said: 'Marie has run away.'
>
> *Elle m'a dit que Marie **avait** fait une fugue.* She told me that Marie **had** run away.

4 Vous arrivez au lycée en retard après un trajet un peu bizarre. Sur une feuille de papier, écrivez <u>cinq</u> phrases en français pour expliquer ce qui s'était passé avant votre arrivée.

Exemple: *J'ai expliqué au prof qu'un homme était monté dans le bus, puis…*

1 Écrivez l'équivalent en anglais de chaque conjonction française. Choisissez dans la case.

> as soon as   so / therefore   afterwards / then   however   moreover   because
> since / as   whereas / while   when   firstly   finally

conjonction française	équivalent en anglais
donc / alors	
parce que / car	
comme / puisque	
quand / lorsque	
ensuite / puis	
aussitôt que / dès que	
tandis que / alors que	
cependant / pourtant	
d'ailleurs / en plus	
d'abord	
enfin	

> **⚑ Grammaire**
>
> Connectives are linking words which are used in French to join phrases and sentences together. The simplest connectives are *et* and *mais* but the use of a good range of connectives makes your writing more complex and fluent.

2 Reliez le début et la fin des phrases.

a   Je fais du bénévolat…

b   Il doit m'appeler…

c   Tu fais des gâteaux et…

d   Il s'entend bien avec sa sœur…

e   Nous faisons attention…

f   Ils collectent de l'argent…

i   …lorsque le prof nous parle.

ii   …mais ils trouvent ça dur.

iii   …parce que je veux aider les autres.

iv   …ensuite, tu les vends.

v   …aussitôt que possible.

vi   …tandis que son frère l'énerve.

3 Remplissez les blancs avec une conjonction qui convient.

a   D'habitude, il part en famille, _____ cette fois il part tout seul.

b   Il adore le jazz _____ il télécharge souvent de la musique.

c   Ma mère se fâche _____ elle voit cet acteur à la télé.

d   J'aime le rap _____ mon copain aime mieux le rock.

e   Nous avons eu de bonnes notes _____ nous avons révisé.

f   Vous allez comprendre _____ je vous l'expliquerai.

> **✔ Astuce**
>
> Don't forget that in connectives containing *que*, *que* becomes *qu'* before a vowel.

4 Sur une feuille de papier, ajoutez des conjonctions de votre choix à ce passage.

Il était une fois une petite fille dans un village. Elle était gentille. Sa grand-mère l'aimait beaucoup. Elle s'appelait le petit Chaperon rouge. Sa grand-mère lui avait fait un petit chaperon rouge. Sa mère a fait des galettes. Elle a dit au petit Chaperon: « Va voir ta grand-mère: on m'a dit qu'elle était malade; porte-lui une galette et ce petit pot de beurre. » Le petit Chaperon rouge est partie. En passant dans un bois, elle a rencontré le Loup. Il l'a vue. Il voulait la manger. Il n'a pas osé. Il y avait un bûcheron dans la forêt. Il lui a demandé où elle allait. La pauvre enfant lui a dit: « Je vais voir ma grand-mère. »

1 **Mettez les phrases au futur simple.**

a   Cette année, il part tout seul en vacances.

_____

b   Je vends des gâteaux pour une association caritative.

_____

c   Mes parents dansent mal.

_____

d   Mon copain aide les personnes âgées.

_____

e   Nous travaillons dur pour gagner de l'argent.

_____

f   Vous rougissez devant les filles.

_____

2 **Trouvez dans la grille les formes radicales (*stem*) de ces verbes irréguliers. Vous pouvez consulter un tableau de conjugaison.**

> ~~voir~~   pouvoir   vouloir   devoir   savoir   venir
> être   avoir   faire   aller   recevoir

R	E	C	E	V	R	V
P	A	U	R	E	P	O
O	S	N	I	R	T	U
U	A	F	E	R	Y	D
R	U	R	R	S	E	R
R	R	D	E	V	R	W
V	I	E	N	D	R	Q

verr- _____   _____

_____   _____

_____   _____

_____   _____

_____   _____

_____

3 **Mettez les phrases au futur simple.**

Exemple: Il va aller au concert. *Il ira au concert*.

a   Nous allons voir le nouveau film.

_____

b   Ma mère va faire une randonnée à la campagne.

_____

c   Je vais recevoir son message.

_____

d   Nous allons avoir peur à la fête d'Halloween.

_____

e   Vous allez être surpris par la nouvelle.

_____

f   Mon frère va devoir travailler plus dur.

_____

4 **Sur une feuille de papier, écrivez <u>cinq</u> phrases de votre choix sur ce que vous ferez l'année prochaine.**

Exemple: *Je ferai une année sabbatique. J'irai…*

⚑ Grammaire

The simple future tense is used to talk about what **will** happen in the future.

*La semaine prochaine, je **mangerai** moins de chocolat*. I'll eat less chocolate next week.

With regular -*er* and -*ir* verbs, add the endings to the infinitive of the verb.

With regular -*re* verbs, take the final -*e* off the infinitive and add the endings, e.g. *répondre → je répondr**ai*** (I will answer).

-*er* verbs	-*ir* verbs	-*re* verbs
je manger**ai**	je finir**ai**	je vendr**ai**
tu manger**as**	tu finir**as**	tu vendr**as**
il/elle manger**a**	il/elle finir**a**	il/elle vendr**a**
nous manger**ons**	nous finir**ons**	nous vendr**ons**
vous manger**ez**	vous finir**ez**	vous vendr**ez**
ils/elle manger**ont**	ils/elles finir**ont**	ils/elles vendr**ont**

✓ Astuce

The endings for the future tense are always the same, even for irregular verbs. However, many irregular verbs do not use the infinitive to form the future tense and have a different **stem** instead, e.g. *être* (to be): *je **ser**ai, tu **ser**as, il/elle **ser**a*, etc.

1 Grammar practice: *Si* clauses using the present and future tenses

1 Reliez le début et la fin des phrases.

a	Si tu conduis trop vite…	i	…je prendrai un bain.
b	Si l'eau est chaude…	ii	…personne ne tombera.
c	S'il a trop de travail…	iii	…il devra faire des économies.
d	Si tu visites le château…	iv	…tu seras très triste.
e	Si nous faisons attention…	v	…tu auras un accident.
f	S'il veut acheter le tableau…	vi	…tu verras la tapisserie.
g	Si tu manques l'exposition…	vii	…il ne pourra pas sortir.
h	S'il vient nous voir…	viii	…je serai contente de le voir.

> ### 🄵 Grammaire
>
> *Si* clauses ('if' clauses in English) talk about possibilities, which may or may not happen. These sentences have two parts: the **condition** (or *si*) clause and the **result** clause, which indicates what will happen if the condition is met. If *si* is followed by the present tense, the result clause is often in the future.
>
> *Si elle lui **parle**, elle **apprendra** la vérité.* If she speaks to him, she will learn the truth.

2 Remplissez les blancs avec le verbe entre parenthèses au présent ou au futur.

a Si je _____ (*recevoir*) de l'argent pour mon anniversaire, j'achèterai un vélo.

b S'il va au concert, je l'_____ (*accompagner*).

c Si tu _____ (*faire*) la vaisselle, je ferai les courses.

d Je ne _____ (*pouvoir*) pas dormir, s'il fait trop chaud.

e Elle _____ (*être*) contente si le musée reste ouvert.

f Si vous me prêtez votre appareil, je vous _____ (*prendre*) en photo.

g Si on ne protège pas le patrimoine, on le _____ (*regretter*).

h Qu'est-ce que tu achèteras, si tu _____ (*gagner*) à la loterie?

> ### ✅ Astuce
>
> Note that in front of *il, si* becomes ***s'***: *s'il pleut, je resterai à la maison* (if it rains, I'll stay at home). But note, *si elle est en retard, je ne serai pas content* (if she is late, I won't be happy). The clauses can also be swapped around provided the correct tense sequence is used: *je resterai à la maison s'il pleut.*

3 Mettez les verbes entre parenthèses au futur.

a Si tu cours aux magasins, tu _____ (*être*) fatigué.

b Ils _____ (*avoir*) mal au cœur s'ils mangent tous les biscuits.

c Elle _____ (*boire*) de l'eau si elle a soif.

d Si la voiture ne démarre pas, nous _____ (*aller*) à pied.

e Si mes parents me le permettent, je _____ (*sortir*) avec toi.

f Si je trouve ton portable, je t'_____ (*appeler*).

g Si elle manque le dernier bus, elle _____ (*rentrer*) en taxi.

h Qu'est-ce que tu _____ (*faire*) s'il pleut?

4 Complétez ces phrases pour vous, au futur simple.

a Si j'ai assez de temps, _____.

b Si tu étudies, _____.

c Si je trouve l'amour de ma vie, _____.

d Si tu veux y aller, _____.

e S'il continue à faire beau, _____.

f Si elle veut apprendre à conduire, _____.

g Si nous écoutons plus attentivement, _____.

h Si vous mangez vos légumes, _____.

i S'ils continuent à manger trop de sucre, _____.

j S'il veut sortir avec elle, _____.

1 Reliez les phrases de gauche à la bonne phrase de droite.

a	Qu'est-ce qu'il fait ce soir?	**i**	…elle se promène souvent dans les bois.
b	Si tu es fatigué,…	**ii**	…il se relaxe devant la télé.
c	Mon père se fâche souvent,…	**iii**	…tu te moques de moi.
d	Je suis ravi de vous voir,…	**iv**	…couche-toi de bonne heure.
e	Elle adore la campagne,…	**v**	…tu te souviens de mon père?
f	Tu n'es pas gentil,…	**vi**	…il se met vite en colère.
g	Regarde cette photo,…	**vii**	…je vais me lever à six heures.
h	L'avion part très tôt,…	**viii**	…asseyez-vous s'il vous plaît.

2 Soulignez le bon temps du verbe: le passé composé ou l'imparfait.

a Quand il est arrivé, **j'ai dormi** / **je dormais**.

b Quand j'étais plus jeune, **je suis allé** / **j'allais** souvent au cinéma.

c Quand **il est arrivé** / **il arrivait** devant le cinéma, ses amis l'attendaient.

d Quand elle était petite, **elle a écouté** / **elle écoutait** surtout de la musique pop.

e Je lisais le journal quand **tu m'as appelé** / **tu m'appelais**.

f **Nous avons parlé** / **Nous parlions** quand tu nous as interrompus.

g La semaine dernière, **je suis allé** / **j'allais** à un concert. C'était super!

h Quand **il est arrivé** / **il arrivait**, on l'a félicité.

i L'homme avait une barbe et **il a porté** / **il portait** un pantalon noir.

j Le soleil se couchait quand soudain, **j'ai entendu** / **j'entendais** un bruit.

> ✅ **Astuce**
>
> Remember that the perfect tense in French is used to describe time-limited actions in the past. The imperfect tense is used for things which happened often, to describe interrupted actions and for descriptions in the past tense.

3 Remplissez les blancs avec la bonne forme du verbe ou de l'adjectif.

a La musique rap _____ (*devenir*) de plus en plus à la mode ces dernières années.

b Il y a ceux qui disent que les paroles sont souvent choquantes et _____ (*violent*).

c Certes, la musique rap peut _____ (*sembler*) assez agressive.

d Selon certains, les femmes sont considérées comme des objets _____ (*sexuel*).

e Ils pensent que ce genre de musique _____ (*rendre*) les jeunes insensibles à la violence.

f Il ne faut pas oublier que les rappeurs _____ (*être*) des exemples pour les adolescents.

g Les critiques _____ (*dire*) qu'il ne faut pas prendre le sujet à la légère.

h Nous _____ (*savoir*) depuis longtemps que les jeunes sont facilement manipulés.

i On court le risque de les exposer à des influences négatives et _____ (*dangereux*).

j Les rappeurs, eux, pensent qu'ils _____ (*prendre*) leur rôle au sérieux.

✅ **Astuce**

Indirect object pronouns replace nouns referring to people that come after the preposition *à* (to).

Je parle à ma copine. I speak **to** my friend.

Je lui parle. I speak **to her**.

When replacing nouns referring to people or nouns which do not come after a preposition, you should use a direct object pronoun.

Je vois ma copine. I see my friend.

Je la vois. I see her.

4 Remplacez les mots soulignés par le bon pronom direct ou indirect, puis réécrivez la phrase.

a J'ai dit à mon frère de se calmer.

_____

b Ses parents traitent Charlotte comme une enfant.

_____

c La fille parle à ses parents de façon insolente.

_____

d Quand elle était petite, elle respectait ses parents.

_____

e Il a écrit une lettre d'amour à sa petite amie.

_____

f Nous avons parlé de nos problèmes à nos professeurs.

_____

g Les parents doivent toujours écouter leurs enfants.

_____

h Il faut faire confiance à ses parents.

_____

i Je vois rarement mon père car il voyage beaucoup.

_____

j Ce soir, ma grand-mère garde les enfants.

_____

5 Mettez les phrases au plus-que-parfait.

a Il est arrivé le premier. _____

b Nous sommes allés au cinéma. _____

c Je suis tombé de mon vélo. _____

d Elle a téléchargé le film. _____

e Tu m'as appelé avant de manger. _____

f Il nous a interrompus plusieurs fois. _____

g Elles sont nées avant le divorce de leurs parents. _____

h Gabriel et Paula se sont fiancés avant de se marier. _____

i Beaucoup de couples ont vécu en concubinage. _____

j Le soleil s'est couché avant notre arrivée. _____

✅ **Astuce**

In the perfect and pluperfect tenses, reflexive verbs take the auxiliary verb *être*. The reflexive pronoun goes before *être*: *je* **me suis** *levée, elle* **s'était** *couchée.*

6 Remplacez les mots soulignés par le bon pronom direct ou indirect, puis réécrivez la phrase. Faites l'accord si nécessaire.

a Elle a parlé <u>à ses parents</u>.

_____

b Elle a mis <u>la jupe bleue</u>.

_____

c Comment as-tu perdu <u>la clé</u>?

_____

d Tu as connu <u>ses sœurs</u>?

_____

e Est-ce que vous avez téléphoné à <u>vos amis</u>?

_____

f Karine a vu <u>le film</u> plusieurs fois.

_____

g Je ne peux pas faire confiance <u>à mon frère</u>.

_____

h Nous avons montré l'erreur <u>au professeur</u>.

_____

> ☑ **Astuce**
>
> Don't forget that in the perfect tense, the past participle agrees with direct object pronouns which come in front of *avoir*.
>
> *Les fleurs? Je **les** ai envoyées à mes parents.*
>
> The flowers? I sent **them** to my parents.
>
> However, there is no agreement after indirect object pronouns.
>
> *Je **leur** ai envoyé les fleurs.*
>
> I sent the flowers **to them**.

7 Soulignez la bonne conjonction pour compléter les phrases.

a Tu n'as pas fait tes devoirs **parce que** / **tandis que** / **donc** tu jouais sur ta console.

b J'ai répété ma question, **donc** / **cependant** / **puis** vous ne la comprenez toujours pas.

c Il dort dans le salon **parce que** / **ensuite** / **tandis que** je fais la vaisselle.

d Les parents doivent avertir leurs enfants **dès que** / **parce que** / **tandis que** possible.

e Tous les élèves se taisent **lorsque** / **donc** / **alors que** le professeur entre dans la salle de classe.

f D'abord, il avait oublié d'appeler ses parents, **dès que** / **puis** / **car** il ne m'avait pas envoyé le message. Quel imbécile!

g Elle nage **puis** / **comme** / **aussitôt qu'** un poisson dans l'eau.

h Je ne serai pas là demain **dès que** / **car** / **tandis que** ma voiture est tombée en panne.

8 Complétez les phrases avec le verbe entre parenthèses au futur simple.

a Elle _____ (*épouser*) son petit ami au mois de juillet.

b Ils _____ (*vivre*) dans un petit appartement en banlieue.

c S'ils obtiennent une promotion, ils _____ (*avoir*) deux ou trois enfants.

d Ma femme et moi, nous _____ (*être*) très contents de faire du babysitting.

e Malheureusement, beaucoup de mariages _____ (*finir*) en divorce.

f Les familles monoparentales _____ (*devenir*) de plus en plus courantes.

g Si les mariés partagent les mêmes centres d'intérêt, les disputes

_____ (*se produire*) plus rarement.

h On _____ (*éviter*) le conflit si on est toujours honnête.

9 Complétez les phrases avec la bonne préposition: <u>à</u> ou <u>de</u>.

a   Le gouvernement a aidé _____ payer la restauration du château.

b   On a commencé _____ faire les travaux l'année dernière.

c   La municipalité a refusé _____ participer aux frais.

d   On a décidé _____ faire construire une nouvelle bibliothèque.

e   Les élus doivent encourager les habitants _____ participer à la restauration.

f   Sinon, nous ne réussirons pas _____ protéger notre patrimoine.

g   Les enfants doivent apprendre _____ apprécier la culture.

h   Les enseignants peuvent essayer _____ stimuler leur intérêt.

> ☑ **Astuce**
>
> Don't forget that in the perfect tense, some common verbs take the auxiliary verb *être* instead of *avoir*. The past participles of these verbs have to agree with the subject.

10 Mettez les phrases au passé composé.

a   Ce film d'animation sort en novembre.

_____

b   Les jeunes spectateurs viennent nombreux.

_____

c   Dans le film, la princesse naît pendant la guerre.

_____

d   Elle tombe aux mains d'un groupe de brigands.

_____

e   Les brigands retournent dans la forêt avec leur proie.

_____

f   Le prince part à la recherche de la princesse.

_____

g   Naturellement, le prince et la princesse tombent amoureux.

_____

h   Ils ne meurent pas, bien sûr.

_____

i   Les spectateurs rentrent chez eux, le sourire aux lèvres.

_____

j   Félicitations au réalisateur qui réussit à faire un joli film.

_____

1 Écrivez l'équivalent en anglais de chaque expression française.

français	anglais
à l'avenir	
le bénévolat	
les clients	
d'ailleurs	
gratuit	
grave	
un moyen	
en moyenne	
négliger	
une offre spéciale	
partout	
passer (du temps)	
permettre	
la publicité	
un réseau social	
vivre	

✅ **Astuce**

Note the feminine and plural forms of adjectives ending in -al: des offres **spéciales**, but des réseaux **sociaux**.

2 Traduisez les phrases (a–j) en anglais.

a Les réseaux sociaux deviennent de plus en plus populaires.

b Les jeunes y passent en moyenne deux heures par jour.

c Les réseaux sociaux sont un moyen gratuit et facile de communiquer avec les autres.

d On peut communiquer avec des amis ou des membres de sa famille partout dans le monde.

e Il est difficile de croire que les réseaux sociaux n'existaient pas il y a vingt ans.

f D'ailleurs, ils ont permis aux entreprises d'avoir un contact direct avec leurs clients.

g À l'avenir, les clients recevront de plus en plus de publicité, par exemple des offres spéciales.

h Cependant, ils peuvent être très addictifs. Cela va peut-être créer de graves problèmes.

i Certains ont négligé leur travail parce qu'ils étaient occupés sur les réseaux sociaux.

j Est-ce que vous pouvez vivre sans eux?

> ✅ **Astuce**
>
> When translating into English, check carefully the tense of each French verb. In these passages there are examples of the present, perfect, imperfect, pluperfect and future tenses.

3 Traduisez ce passage en anglais.

Les bénévoles donnent leur temps parce qu'ils veulent faire une différence. Le bénévolat peut vous aider à rencontrer des gens: vous ferez partie d'une équipe de bénévoles et vous pourrez participer à des manifestations spéciales. Vous allez aussi développer de nouvelles compétences. Beaucoup de jeunes disent qu'ils ont obtenu de l'expérience professionnelle grâce au bénévolat. L'organisation d'événements vous permettra de gagner de l'expérience dans le marketing et les relations avec les médias.

4 Traduisez ce passage en anglais.

Le musicien Kassoum est né au Mali. Il a grandi dans une famille de joueurs d'instruments traditionnels. Il a commencé à chanter très jeune. À quatorze ans il a appris à jouer de la guitare, puis il est venu en France mais il n'a jamais réussi à trouver le genre de musique qu'il cherchait. C'est en Allemagne qu'il a trouvé son inspiration. La musique allemande lui rappelait ses origines.

5 Traduisez ce passage en anglais.

Voici l'histoire d'un homme qui s'appelait Paul Radin. Il habitait dans une petite ferme. Il était marié, et il n'avait qu'une fille. Paul était très pauvre, mais il travaillait dur. Un soir, Paul est sorti, comme d'habitude, et il a marché dans les champs où il y avait des arbres. La lune brillait et répandait une belle clarté. Soudain, Paul a vu un homme aux cheveux bizarres qui sautait d'arbre en arbre. L'homme est descendu de l'arbre, s'est arrêté devant Paul et lui a dit: «Tu ne dois pas avoir peur de moi, je ne te ferai aucun mal.»

1 Écrivez l'équivalent en français de chaque expression anglaise.

anglais	français
to contribute	
to recommend	
to appreciate	
to protect	
to reduce	
to simplify	
to get on with	
divorced	
single	
married	
relationships	
to happen	
in the world	
online fraud	
bullying	
personal details	
to replace	
a billion	
social class	
an opening	
entertainment	
the beginning	
to dream	

> ✅ **Astuce**
>
> Some verbs are followed by the preposition *à* and others by *de* – be careful to use the correct preposition. In either case, the infinitive must be used after the preposition.

> ✅ **Astuce**
>
> 'In a way' in French is translated as *d'une manière* or *d'une façon*, which are both feminine.

2 Traduisez les phrases (a–e) en français.

a When I read the article, I decided to help to protect historic monuments.

_____

_____

b So last year I met a group of people who organise activities to encourage the public to appreciate old buildings.

_____

_____

c The organisation allowed me to meet new friends and to contribute in a positive way.

_____

_____

d I will recommend voluntary work to my friends because they will find it a useful and enjoyable experience.

_____

_____

e If my friends decide to help me, I will be very happy and I am certain they will have a good time.

_____

_____

3 Traduisez ce passage en français.

In May I met a man on the internet. He lived in Marseille, like me. He was divorced and had three children. I was single, never married and I had no children. With his children, relationships had been excellent since the beginning. We got on very well together. Unfortunately, the relations of my partner with his ex-wife are no longer good. I hope that I will soon have a child. I know that my partner will love the future baby like his other children.

☑ **Astuce**

When writing in French, don't forget to check that adjective endings agree in number and gender with the noun that they accompany.

_____

_____

_____

_____

_____

_____

_____

_____

4 Traduisez ce passage en français.

New technologies simplify life. They have reduced the time of communication. Today, communication between different countries is almost immediate. And, naturally, one can get information on the events which are happening in the world. However, the cyber society has created a new form of criminality and delinquency, for example online fraud and bullying. The abuse of personal details will be a more common danger.

☑ **Astuce**

The French use definite and indefinite articles more often than in English.

Life is good. **La** vie est belle.

I would like information about fraud. Je voudrais **des** renseignements sur **la** fraude.

_____

_____

_____

_____

_____

_____

_____

5 Traduisez ce passage en français.

The cinema has become the most common form of art. It has replaced painting, reading and theatre. Millions of spectators go to the cinema to have a good time. All social classes are present, all ages and all nationalities. As an opening to other cultures, the cinema represents more than a simple entertainment. It is also an industry. Millions of people all over the world work for the cinema. American cinema has always had a commercial objective. The United States has tried to make films which make the public dream.

☑ **Astuce**

The word for 'all' is tout, but it has feminine and plural forms. The feminine singular is toute, the masculine plural is tous and the feminine plural is toutes.

_____

_____

_____

_____

_____

_____

_____

_____

1 Complétez les phrases avec la bonne forme de l'adjectif entre parenthèses.

a Le _____ (vieux) homme est très fatigué.

b Quelles _____ (beau) fleurs!

c Le _____ (nouveau) hôtel est confortable.

d Demain, on visitera la _____ (vieux) cité.

e Est-ce que vous allez acheter ce _____ (beau) appartement?

f Les _____ (nouveau) technologies transforment le monde du travail.

g J'ai trouvé beaucoup de _____ (vieux) photos.

h Si nous travaillons dur, nous aurons un _____ (beau) avenir.

Grammaire

beau, vieux, nouveau

These three adjectives go **before** the noun they describe. They all have irregular feminine forms: *belle, vieille, nouvelle*. The plural forms are: *beaux / belles, vieux / vieilles, nouveaux / nouvelles*. They also have a special form that is used in front of masculine nouns starting with a vowel or a silent *h*: *un bel homme, un vieil appareil, le nouvel an*.

Grammaire

Adverbs

Adverbs in French are often formed from the feminine of the adjective with the ending *-ment*.

Heureusement, il ne pleut plus. Luckily, it's no longer raining.

Je vais vous parler franchement. I'm going to speak to you frankly.

Note that *vraiment* (really) is an exception.

Adjectives ending in *-ant* or *-ent* have a different way of forming the adverb, e.g. *évident → évidemment* (obviously), *constant → constamment* (constantly).

Adverbs are usually placed **after** the verb: *je mange rarement au restaurant* (I rarely eat in a restaurant).

In compound tenses, the adverb comes after the auxiliary verb: *elle est rarement sortie* (she rarely went out).

Astuce

The adjectives *bon, meilleur* and *mauvais* have irregular adverbs: *c'est un bon chanteur, il chante **bien*** (he's a good singer, he sings well), *c'est un meilleur joueur, il joue **mieux*** (he's a better player, he plays better), *c'est un mauvais danseur, il danse **mal*** (he's a bad dancer, he dances badly).

---

2 Écrivez les adverbes formés sur les adjectifs suivants.

a premier _____

b récent _____

c apparent _____

d parfait _____

e fréquent _____

f particulier _____

g actuel _____

---

3 Soulignez le bon adverbe pour compléter les phrases.

a Il va **souvent** / **soudain** / **enfin** à la piscine, presque tous les jours.

b Elle roule **toujours** / **enfin** / **soudain** trop vite.

c Tu ne vas pas acheter ce portable? Il est vraiment **souvent** / **trop** / **enfin** cher.

d Il ne dit jamais la vérité. Ce qu'il dit est **souvent** / **trop** / **toujours** faux.

e Il voulait la voir mais elle était partie. Il est arrivé trop **tôt** / **tard** / **vite**.

f Je n'ai aucune envie de voir ce film. Je l'ai **enfin** / **déjà** / **toujours** vu.

g Mon train part à sept heures. Demain, je vais me lever **déjà** / **tard** / **tôt**.

h Le voyage a bien commencé, mais **soudain** / **enfin** / **toujours** la mer est devenue agitée.

Grammaire

Not all adverbs end in *-ment*. Here are some common ones: *souvent* (often), *toujours* (always), *vite* (quickly), *soudain* (suddenly), *enfin* (finally), *tôt* (early), *tard* (late), *trop* (too), *déjà* (already).

---

1 Complétez les phrases avec <u>plus</u>, <u>moins</u> ou <u>aussi</u>.

a Paris est _____ grand que Lille.

b En France, il fait _____ froid qu'au pôle Nord.

c Ma voisine est _____ âgée que ma grand-mère. Toutes les deux ont 60 ans.

d Le lion est _____ fort que l'agneau.

e La tortue est _____ rapide que le guépard.

f Le patrimoine linguistique est _____ important que le patrimoine artistique. Les deux sont essentiels.

g Obélix est _____ gros qu'Astérix.

h Le poulet est _____ cher que le caviar.

2 Reliez le début et la fin des phrases.

a Ma voix est bonne…

b Ce vase est le plus…

c Je ne te comprends pas,…

d À la fin du voyage,…

e La Joconde est le tableau…

f Le lilas est…

g Elle adore la pâtisserie,…

h Il est avare, il a choisi…

i …fragile de ma collection.

ii …la plus belle des fleurs.

iii …elle a pris la tarte la plus grande.

iv …mais ta voix est meilleure.

v …il a été le plus fatigué.

vi …la place la moins chère.

vii …le plus célèbre du monde.

viii …parle plus lentement si possible.

3 Comparez ces trois monuments parisiens. Complétez les phrases avec le comparatif ou le superlatif de l'adjectif entre parenthèses.

	L'Arc de Triomphe	La tour Eiffel	La tour Saint-Jacques
Hauteur	55 mètres	324 mètres	57 mètres
Date de construction	1835	1887	1509-23
Prix d'entrée	9,50 €	15.50 €	8 €
Heures d'ouverture	10.00-22.30	09.30-23.00	10.00-21.30

a La tour Saint-Jacques est le monument _____ (ancien).

b La tour Saint-Jacques est _____ (haut) que la tour Eiffel.

c La tour Eiffel a les heures d'ouverture _____ (long).

d L'entrée de l'Arc de Triomphe est _____ (cher) que celle de la tour Saint-Jacques.

e Le prix d'entrée de la tour Eiffel est _____ (élevé).

4 Remplissez la grille avec une réponse de votre choix.

a la ville la plus belle du monde	
b la fleur la plus jolie	
c le meilleur chanteur	
d le plat le plus délicieux	
e le pire film du siècle	

⊞ Grammaire

The comparative

There are three types of comparative.

Superiority – *le train est **plus rapide que** la voiture* (the train is quicker than the car).

Inferiority – *la bière est **moins chère que** le vin* (beer is less expensive than wine).

Equality – *l'Italie est **aussi belle que** la France* (Italy is as beautiful as France).

Note that *meilleur* means 'better' as an adjective and *mieux* means 'better' as an adverb: *c'est un **meilleur chanteur*** (he's a better singer), *il chante **mieux que** moi* (he sings better than me).

The French for 'worse' is *pire*.

⊞ Grammaire

The superlative

There are two forms of the superlative.

Superior – *c'est **le plus grand garçon** de la classe* (he's the tallest boy in the class), *c'est **la plus intelligente*** (she's the cleverest).

Inferior – *je trouve ce film **le moins intéressant*** (I find this film the least interesting).

When used as an adjective, 'the best' is *le meilleur / la meilleure / les meilleurs / les meilleures*: *ce sont **les meilleurs chocolats*** (they are the best chocolates).

When used as an adverb, 'the best' is *le mieux*: *c'est elle qui parle **le mieux** français* (she speaks French the best).

1 Mettez les verbes entre parenthèses au conditionnel.

a J'_____ (aimer) y aller, mais je dois travailler.

b Je savais qu'il vous _____ (téléphoner).

c Il _____ (sembler) qu'il ait décidé d'enregistrer la chanson.

d Les ministres ont dit qu'ils _____ (aider) les pauvres.

e Il _____ (paraître) que vous ne voulez pas aller au concert.

f Tout le monde croyait que nous ne _____ (réussir) jamais.

g On a annoncé que les musiciens _____ (arriver) bientôt sur le tapis rouge.

h Ne dis rien à mes parents, ils ne _____ (comprendre) pas.

> **Grammaire**
>
> The conditional is used in French to talk about what **would** happen.
>
> *J'aimerais* voir ce film. I would like to see that film.
>
> It is formed in the same way as the simple future tense (for most verbs this means using the infinitive as the stem) and adding the same endings as the imperfect tense: *-ais*, *-ais*, *-ait*, *-ions*, *-iez*, *-aient*.
>
> For the future tense formation of regular *-er, -ir, -re* verbs, see page 21.

2 Verbes irréguliers. Complétez les mots croisés avec le verbe entre parenthèses au conditionnel <u>ou</u> le bon pronom.

Horizontalement

1 ils _____ (avoir)

5 tu _____ (faire)

8 _____ prendrait

10 on _____ (devoir)

12 je _____ (recevoir)

Verticalement

2 elle _____ (aller)

3 _____ saurais

4 nous _____ (venir)

6 elle _____ (être)

7 _____ prendraient

9 _____ pourrais

11 Voudrais-_____ y aller?

3 On emploie souvent le conditionnel pour exprimer la politesse. Mettez les phrases au conditionnel.

Exemple: Je veux assister à son concert. *Je voudrais assister à son concert.*

a Pouvez-vous me donner l'heure? _____

b Tu peux m'appeler demain? _____

c Nous voulons lui parler. _____

d Il souhaite prendre une année sabbatique. _____

e Elles préfèrent faire du bénévolat. _____

f Tu as un stylo? _____

g Tu peux me donner son adresse? _____

1 Décidez s'il faut le subjonctif dans ces phrases, puis soulignez la bonne forme du verbe.

a   Je sais que vous vous **intéressez** / **intéressiez** au rap.

b   Je veux que vous vous **intéressez** / **intéressiez** au jazz sénégalais.

c   Nous allons voir ce film bien que nous **détestons** / **détestions** l'acteur principal.

d   J'espère que tu **viens** / **viennes** me voir parce que tu veux m'aider.

e   Il est certain qu'il **vend** / **vende** sa collection de CD.

f   Il est possible qu'elle **choisit** / **choisisse** la bonne réponse.

2 Les verbes irréguliers. Complétez le tableau avec la bonne forme du verbe au subjonctif.

verbe	je (j')	elle	nous	ils
être	sois		soyons	
avoir		ait		aient
aller			allions	aillent
faire	fasse			fassent
pouvoir		puisse	puissions	

3 Mettez les verbes entre parenthèses au subjonctif.

a   Il faut que tu _____ (être) à l'heure.

b   Le professeur veut qu'ils _____ (écrire) des notes.

c   Il est essentiel que vous _____ (faire) vos devoirs.

d   Je ne veux pas qu'ils _____ (dessiner) sur les murs.

e   Il est possible qu'il _____ (obtenir) une bonne note.

f   Il est nécessaire que nous _____ (pouvoir) protéger notre patrimoine.

g   Il faut qu'elle _____ (faire) plus d'efforts.

h   On ne veut pas qu'ils _____ (devenir) violents et agressifs.

4 Traduisez en anglais les phrases complètes de l'activité 3.

a   _____

b   _____

c   _____

d   _____

e   _____

f   _____

g   _____

h   _____

⊡ Grammaire

The subjunctive mood expresses actions which are uncertain, e.g. emotions such as **desire**, **possibility** or **necessity**. It is nearly always used in subordinate clauses introduced by *que*.

To form the subjunctive of regular verbs, find the *ils/elles* form of the present tense, drop the *-ent* and add these endings instead: *-e*, *-es*, *-e*, *-ions*, *-iez*, *-ent*.

Use the subjunctive:

• when you want someone else to do something: *je veux que **tu finisses** tes devoirs* (I want you to finish your homework).

• to express possibility: *il est possible qu'**il dise** la vérité* (it is possible he is telling the truth).

• to express necessity: *il faut que **tu répondes*** (you must answer).

• after certain conjunctions such as **bien que** (although), **pour que** (so that) and **pourvu que** (provided that): *il est en retard bien qu'**il prenne** le train* (he is late although he gets the train).

Note that expressing probability does not require a subjunctive: *il est probable qu'**il dit** la vérité*. The verb *espérer* (to hope) is also not followed by the subjunctive: *j'espère que **tu vas** bien* (I hope you are well).

1 Écrivez les mots dans le bon ordre pour faire des questions complètes.

a voulez est-ce vous au que cinéma aller?

_____

b contente elle de portable est- nouveau son?

_____

c d'art que est-ce veux au moderne tu nous musée accompagner?

_____

d habite-t toujours chez -elle parents ses?

_____

e vendu ont- leur ils appartement bel?

_____

f est-ce accepter poste le qu' va il nouveau?

_____

▶ Grammaire

When speaking, you can often simply raise your voice towards the end of a sentence in order to make it into a question: *Vous parlez français?* (Do you speak French?)

You can also invert the verb and the subject: ***Parlez-vous** français?* Note that an extra *-t* is added between the verb and the pronoun when the verb ends in *-e*: ***Parle-t-elle** français?* In the perfect tense it is the *avoir* or *être* verb that is inverted: ***A-t-il parlé?***

Est-ce que can be used in front of a sentence to turn it into a question. The advantage here is that the word order after *est-ce que* does not change: *Est-ce que vous parlez français? Est-ce qu'il a parlé français?*

2 Complétez le tableau avec les bons pronoms interrogatifs.

anglais	français
when?	
	combien?
where?	
	quel / quelle / quels / quelles?
how?	
	pourquoi?
how long?	
	que / qu'est-ce que?
who?	
	quoi?

✓ Astuce

Est-ce que can also be used with interrogative pronouns to avoid inversion: *Pourquoi es-tu arrivé en retard? / Pourquoi est-ce que tu es arrivé en retard?* Why did you arrive late?

3 Complétez les questions avec le bon pronom interrogatif.

a – C'est _____ la sortie de son album?
   – Vendredi prochain.

b – _____ est-ce que le concert aura lieu?
   – À la salle des fêtes.

c – _____ temps va-t-il faire?
   – Il y aura du vent.

d – Le concert dure _____ de temps?
   – Environ deux heures.

e – _____ y vas-tu?
   – À pied, bien sûr.

f – _____ est-ce qu'il chante en anglais?
   – Parce que c'est à la mode.

g – _____ en veux-tu?
   – Deux ou trois.

h – _____ il a chanté?
   – Une jolie ballade.

▶ Grammaire

The interrogative pronoun *lequel / laquelle / lesquels / lesquelles* (which one(s)) is used in questions to replace a noun. It agrees in gender and number with the noun it replaces.

Quel film veux-tu voir? Which film do you want to see?

***Lequel** veux-tu voir?* Which one do you want to see?

– *Tu veux rencontrer mes copines?* Do you want to meet my girlfriends?

– ***Lesquelles?*** Which ones?

4 Sur une feuille de papier, écrivez <u>six</u> questions de votre choix en utilisant six pronoms interrogatifs différents.

1 Reliez le début et la fin des phrases.

a Partez tout de suite…   i   …tu m'énerves!

b Ralentissez,…   ii   …sans ton manteau.

c Ne fermez pas la fenêtre,…   iii …sinon vous serez en retard.

d Prenons un verre…   iv   …vous roulez trop vite.

e Ne sors pas…   v   …au café demain matin.

f Sors de ma chambre,…   vi   …il fait trop chaud ici.

2 Vous faites du babysitting. Mettez les phrases à l'impératif.

Exemples: Vous voulez que Florian mange sa salade. *Mange ta salade!*

Vous ne voulez pas que Florian et Sophie jouent au foot. *Ne jouez pas / plus au foot!*

a Vous voulez que Sophie rende le stylo. _____!

b Vous voulez que Florian finisse sa soupe. _____!

c Vous ne voulez pas que Sophie et Florian parlent trop fort.

_____!

d Vous ne voulez plus que Florian embête Sophie.

_____!

e Vous voulez que Sophie et Florian fassent leurs devoirs.

_____!

f Vous voulez que les deux enfants jouent du piano avec vous.

_____!

g Vous voulez que Florian et Sophie soient sages.

_____!

h Vous voulez que les deux enfants écoutent la chanson avec vous.

_____!

3 Écrivez les mots dans le bon ordre pour faire des phrases complètes.

a de tout appelle- suite le

_____

b à aidez- faire moi vaisselle la

_____

c aller prenons pour la le bus à piscine

_____

d ne photo lui montre pas cette

_____

e quand levez- la le vous entre dans prof salle

_____

f volume baisse le c'est de ta trop musique fort

_____

g ne pas trop couchez tard vous

_____

h vidéoclip tu téléchargé regardons le que as

_____

⚡ Grammaire

The imperative is used to give instructions and commands. To form it, drop the *tu, vous* or *nous* from the present tense form of the verb: **Prends** *un bain!* Take a bath! **Faites** *attention!* Take care! **Mangeons!** Let's eat!

With regular -er verbs, take the final -s off the *tu* form of the verb: **Regarde** *le ciel!* Look at the sky!

In the negative, place the appropriate words around the verb: **Ne** *regarde* **pas** *la télé!* Don't watch TV! **Ne** *mangez* **plus** *de frites!* Don't each chips any more!

Some imperative forms are irregular.

être – *sois, soyons, soyez*:

Sois *prudente!* Be careful!

avoir – *aie, ayons, ayez*:

N'ayez *pas peur!* Don't be afraid!

⚡ Grammaire

When using the imperative form of reflexive verbs, the reflexive pronoun comes immediately after the verb.

*Asseyez-***vous***!* Sit down!

*Lève-***toi***!* Get up!

*Amusons-***nous***!* Let's have a good time!

However, in negative commands, the reflexive pronoun comes after the *ne*: *Ne* **te** *lève pas. Ne* **vous** *couchez pas.*

Note also the position of indirect object pronouns.

*Donnez-***moi** *le livre.* Give **me** the book.

Ne **me le** *donnez pas.* Don't give **it to me**.

1 Reliez le début et la fin des phrases.

a   Si tu économisais,…

b   Si j'avais mon permis,…

c   S'ils gagnaient au loto,…

d   Si on fermait le robinet,…

e   Si on éteignait la lumière,…

f   Si elle travaillait plus dur,…

g   Ça m'étonnerait…

h   Il serait vraiment ravi…

i   …je m'achèterais une voiture.

ii   …si elle arrivait à l'heure.

iii   …si tu acceptais son offre d'emploi.

iv   …on utiliserait moins d'électricité.

v   …ils feraient le tour du monde.

vi   …on économiserait de l'eau.

vii   …elle ferait plus de progrès.

viii   …tu aurais assez d'argent.

> **Grammaire**
>
> The conditional is often used to say what would happen if something else occurred. Note that the accompanying *si* clause is followed by the imperfect tense.
>
> *Si j'étais* riche, *j'achèterais* une villa en Espagne. If I were rich, I would buy a villa in Spain.
>
> *S'il avait* assez d'argent, *il irait* en Australie. If he had enough money, he would go to Australia.

2 Remplissez les blancs avec la bonne forme du verbe entre parenthèses.

a   S'il _____ (*avoir*) plus de temps, il ferait du bénévolat.

b   Si on connaissait le chemin, on n'_____ (*avoir*) pas besoin du GPS.

c   Si nous prenions un taxi, nous _____ (*arriver*) plus vite.

d   Si mes parents _____ (*voir*) cette photo, ils se mettraient en colère.

e   Si j'étais à ta place, je lui _____ (*dire*) la vérité.

f   Si elle _____ (*épouser*) cet homme, elle le regretterait.

g   Si vous me donniez des conseils, je vous _____ (*écouter*) attentivement.

h   Si c'était possible, je vous _____ (*aider*).

3 Complétez les phrases (a–f) avec une phrase au conditionnel de votre choix.

Exemple: Si j'étais une fleur, *je serais une rose.*

a   Si j'étais un sport, _____.

b   Si j'avais plus de temps, _____.

c   Si mon (ma) meilleur(e) ami(e) était un personnage de dessin animé, _____.

d   Si mon professeur était un personnage historique, _____.

e   Si je voulais collecter de l'argent, _____.

f   Si mes amis voulaient aider les démunis, _____.

4 Écrivez <u>six</u> phrases au conditionnel de votre choix.

_____

_____

_____

_____

_____

_____

_____

_____

1 Dans ces phrases, mettez l'infinitif à la forme négative.

Exemple: Elle espère être déçue. Elle espère *ne pas être déçue*.

a Nous vous avons dit d'avoir peur. _____

b Mes parents m'ont dit de le faire. _____

c Il est important de lire les sous-titres. _____

d Je vous conseille de voir ce film. _____

e J'espère que tu lui as dit de télécharger le film. _____

f Nous mangeons pour avoir faim. _____

g Elle nous a dit d'être trop influencés par les effets spéciaux. _____

_____

2 Remplissez les blancs avec le bon infinitif de la case. Ensuite, sur une feuille de papier, traduisez les phrases complètes.

> aller bouger dormir être impressionner manger partir réviser

a Lave-toi les mains avant de _____.

b Ne me dérange pas, je suis en train de _____.

c J'avais de la chance de le voir, il était sur le point de

_____.

d Si je réussis mon bac, j'ai l'intention d'_____ en fac.

e Pour vaincre sa fatigue, elle a besoin de _____.

f Il reste immobile devant l'écran sans _____.

g Il a mis son réveil afin de ne pas _____ en retard.

h Il a trouvé une bonne recette pour _____ ses invités.

3 Reliez les phrases en utilisant <u>après avoir / être</u> + participe passé.

a Elle a passé deux heures à la bibliothèque. Elle est rentrée chez elle.

_____

_____

b J'ai aidé mon frère. J'étais content.

_____

c Il est arrivé à l'aéroport. Il a rencontré son collègue.

_____

d Ils sont venus ici. Ils m'ont offert des fleurs.

_____

e Il a économisé assez d'argent. Il a acheté une voiture.

_____

_____

f On a dîné ensemble. On est allés en boîte.

_____

g Il m'a dit au revoir. Il est parti.

_____

h Je me suis levé. Je me suis douché.

_____

⚡ Grammaire

If a sentence has two verbs and the infinitive (that is, the verb that is not conjugated) needs to be **negative**, *ne pas* goes **before** the infinitive rather than around it.

*Il est important de **ne pas parler**.*
It is important not to speak.

When there is an object pronoun with the infinitive, the negative expression comes in front of it.

*Je t'ai demandé de **ne rien lui dire**.*
I asked you **not to say anything to him**.

For more on infinitive constructions, see page 16.

⚡ Grammaire

A number of useful expressions are followed by the infinitive. These include: *avoir l'intention de* (to intend), *avoir besoin de* (to need), *être sur le point de* (to be about to), *être en train de* (to be in the middle of), *pour / afin de* (in order to), *sans* (without), *avant de* (before).

⚡ Grammaire

The **perfect infinitive** is used to convey the meaning 'after doing' or 'having done' something. It is formed by using the infinitive of *avoir* or *être* + the past participle of the verb.

***Après avoir mangé**, on a regardé la télé.*
After eating, we watched TV.

*Je regrette d'**avoir parlé** sur ce ton.*
I regret having spoken in that tone.

Remember that the past participle with ***être*** verbs has to agree with the subject.

***Après être allées** à la piscine, elles sont rentrées chez elles.* After going to the swimming pool, they went home.

1 Soulignez le bon verbe pour compléter les phrases. Ensuite, traduisez les phrases complètes en anglais.

a   Si elle **avait** / **aurait** / **était** eu le temps, elle lui aurait écrit.

_____

b   Si tu avais travaillé plus dur, tu **avais** / **aurait** / **aurais** réussi ton examen.

_____

c   Si elles **était** / **étaient** / **seraient** parties plus tôt, elles n'auraient pas manqué le début du film.

_____

d   Tu **avais** / **serais** / **aurais** pu me prévenir plus tôt.

_____

e   Si elle m'avait demandé poliment, je **l'avais** / **l'aurais** / **la serais** aidée.

_____

f   **J'aurais** / **J'aurait** / **Je serais** préféré devenir scénariste.

_____

g   Qui l'**avais** / **avait** / **aurait** cru?

_____

h   Selon lui, il **avais** / **serait** / **aurait** pu trouver un poste intéressant.

_____

> ### 🔒 Grammaire
>
> The conditional perfect expresses the idea of something that **would have happened** in the past: *je lui aurais parlé* (I would have spoken to him). Use the conditional of *avoir* or *être* with the past participle.
>
> When talking about an event that did not happen but **would have** occurred if something else **had** happened, the main verb is in the conditional perfect and you use the pluperfect after *si*.
>
> *Si elle **avait eu** le temps, elle **aurait envoyé** le message.* If she had had the time, she would have sent the message.

2 Mettez les verbes entre parenthèses au conditionnel passé.

a   Si j'avais su, j'_____ (*prendre*) un plus gros pull.

b   Si elle avait su, elle _____ (*aller*) au cinéma.

c   Si vous aviez su, vous _____ (*apprendre*) votre leçon.

d   Si nous avions su, nous lui _____ (*dire*) au revoir.

e   Si elles avaient su, elles _____ (*écouter*) mes conseils.

f   Si tu avais su, tu _____ (*rester*) chez toi.

g   S'ils avaient su, ils _____ (*venir*) plus nombreux.

h   Si j'avais su, je leur _____ (*offrir*) mes condoléances.

3 Complétez les phrases en utilisant le conditionnel passé.

a   Si j'étais parti avant toi, _____.

b   Si elle avait lu les critiques, _____.

c   S'il était devenu comédien, _____.

d   S'il l'avait entretenue, _____.

e   Si j'avais eu plus de chance, _____.

f   Si elle ne s'était pas endormie pendant le film, _____.

g   Si tu avais mis la table, _____.

h   Si elles m'avaient invité, _____.

1 Remplissez la grille avec la bonne conjonction de la case.

> à moins que   sans que   pour que / afin que   pourvu que / à condition que
> bien que / quoique   avant que   jusqu'à ce que   quoi que

anglais	français
although	
so that	
provided that	
unless	
before	
until	
whatever	
without	

2 Complétez les phrases avec la bonne conjonction.

a Il peut mieux faire _____ (*provided that*) il fasse attention en classe.

b Elle veut finir son travail _____ (*before*) son amie vienne chez elle.

c _____ (*Although*) ils soient gentils, ils m'énervent souvent.

d Je suis sorti avec sa sœur _____ (*without*) il le sache.

e _____ (*Whatever*) je fasse, je ne réussis pas.

f Il y va _____ (*so that*) ses parents soient contents.

g Il ne faut pas détacher sa ceinture _____ (*until*) l'avion arrive au terminal.

h Je t'offre mon cœur _____ (*on condition that*) tu le prennes.

3 Complétez les phrases avec la bonne forme du verbe entre parenthèses. Attention! Il y a des conjonctions qui ne sont pas suivies du subjonctif.

a J'attendrai jusqu'à ce qu'il _____ (*finir*) son travail.

b Il a réussi parce qu'il _____ (*faire*) beaucoup d'efforts.

c Je vais sortir bien que mes parents _____ (*revenir*) ce soir.

d Mon frère aime les comédies musicales tandis que ma sœur _____ (*préférer*) les films d'action.

e Une bonne bande sonore est importante pour que les spectateurs _____ (*pouvoir*) apprécier le film.

f Tu ne vas pas sortir à moins que tu ne _____ (*finir*) le repassage.

g J'écoute attentivement pendant qu'elle _____ (*répondre*) à la question.

h Mon amie apprécie les films étrangers pourvu qu'il y _____ (*avoir*) des sous-titres.

4 Sur une feuille de papier, écrivez <u>cinq</u> phrases de votre choix en utilisant ces conjonctions: *bien que, pourvu que, pour que, avant que, sans que.*

⬛ Grammaire

When the conjunctions listed in activity 1 introduce a subordinate clause, you must always use the subjunctive in the subordinate clause.

*Nina travaille dur **pour que le prof soit** contente.* Nina works hard so that the teacher is happy.

*Jules reçoit de mauvaises notes **bien qu'il fasse** de son mieux.* Jules gets bad marks although he does his best.

Note, however, that the subjunctive is not required in this example: *Nina travaille dur pour faire plaisir à son prof.*

✅ Astuce

Don't forget that *que* changes to *qu'* before a vowel or a silent *h*.

1 Complétez les phrases avec le verbe entre parenthèses au bon temps.

a S'il épousait cette jeune fille, ses parents _____ (être) déçus.

b Si elle avait eu le choix, elle _____ (trouver) un emploi à temps partiel.

c Tu n'iras pas chez lui, si tu _____ (respecter) mon souhait.

d Si elles étaient plus âgées, elles _____ (partir) seules en vacances.

e Si les jeunes _____ (lire) les journaux, ils comprendraient mieux le monde.

f Elle ne lui aurait jamais parlé, si elle _____ (savoir) la vérité.

g Si tout va bien, on _____ (arriver) vers dix heures.

h Vous _____ (pouvoir) venir si vous m'aviez averti plus tôt.

i Si les couples se parlaient plus souvent, il y _____ (avoir) moins de divorces.

j S'il avait voulu éviter la dispute, il _____ (devoir) être plus responsable.

2 Soulignez la bonne réponse aux questions.

a Quand est-ce qu'ils se sont mariés?

la semaine prochaine / il y a quatre ans / dans deux ans

b Pourquoi est-ce qu'il est parti?

personne ne lui parlait / il s'amusait beaucoup / il arrivera en retard

c Qui vient dîner ce soir?

personne n'est venu / mon meilleur ami / à dix-sept heures

d Qu'est-ce qui s'est passé?

mes deux copains / rien de spécial / il fera encore des bêtises

e Combien de livres as-tu empruntés?

deux ou trois / j'en prendrai deux / cinq euros

f Comment est-elle allée au concert?

elle prendra un taxi / elle a pris un taxi / elle prenait toujours un taxi

g Où as-tu acheté cette nouvelle tablette?

je n'ai pas de tablette / mes parents me l'ont offerte / je l'ai achetée hier

h Quel est le nom de ce film?

je ne l'ai pas vu / je ne me rappelle plus / il a oublié son nom

---

✓ Astuce

Remember the sequence of tenses after *si*.

Si + **present** – main clause in the **future**: *si tu m'invites, j'accepterai.*

Si + **imperfect** – main clause in the **conditional**: *si tu m'invitais, j'accepterais.*

Si + **pluperfect** – main clause in the **conditional perfect**: *si tu m'avais invité, j'aurais accepté.*

✓ Astuce

In French, many question forms are built using the phrase *est-ce que* after the question word.

Quand est-ce qu'il arrive? When does he arrive?

Questions requiring 'yes' or 'no' as answers can also use *est-ce que*.

Est-ce qu'elle habite ici? Does she live here?

Otherwise, you have to invert the subject and the verb, which can be quite complicated.

Quand arrive-t-il? When does he arrive?

Note the difference between *Comment est-ce que Lucie est allée en ville?* and *Lucie, comment est-elle allée en ville?* (How did Lucie go into town?)

3 Mettez les verbes au subjonctif.

a   on dit   _____

b   on sort   _____

c   je prends   _____

d   tu fais   _____

e   ils lisent   _____

f   il peut   _____

g   elles sont   _____

h   elle vient   _____

> ☑ **Astuce**
>
> The subjunctive is used after certain conjunctions, such as *bien que* and *pour que,* but it is not used after other conjunctions, such as *parce que* and *pendant que.*
>
> Verbs expressing doubt and possibility also take the subjunctive (***je doute que ce soit*** vrai), but not verbs of probability or near certainty (*il est probable qu'il ne le sait pas*).
>
> When you want someone else to do something, a subjunctive is needed (*mes parents **veulent que je** leur **dise** la vérité*), but not when you want to do something yourself: ***je veux parler** franchement.*

4 Soulignez la bonne forme du verbe pour compléter les phrases.

a   J'espère que tu **viens** / **viennes** me voir pour mon anniversaire.

b   Il est possible que les robots **font** / **fassent** le travail manuel.

c   La fille ne parle pas à ses parents parce qu'elle **est** / **soit** insolente.

d   Nous n'aimons pas cet acteur bien qu'il **a** / **ait** beaucoup de talent.

e   Le rappeur veut que nous **comprenons** / **comprenions** les paroles.

f   Je doute qu'il **peut** / **puisse** se confier à ses parents.

g   Les parents veulent toujours **soutenir** / **soutiennent** leurs enfants.

h   Il faut qu'il **répond** / **réponde** à ses questions.

i   Je te parle franchement pour que tu **sais** / **saches** la vérité.

j   Il est certain que ses parents **veulent** / **veuillent** voir son petit ami.

5 Lisez le passage et décidez si ces phrases sont <u>vraies</u> ou <u>fausses</u>.

Marie est plus grande que Thomas mais elle est moins grande que Yasmine, qui est moins âgée que Thomas mais plus âgée que Marie. Marie court plus vite que Thomas et elle court aussi vite que Yasmine. Thomas est le meilleur chanteur des trois et Marie chante moins bien que Yasmine.

a   Thomas est le plus grand.   _____

b   Marie est aussi grande que Yasmine.   _____

c   Thomas est le moins rapide.   _____

d   Thomas est le plus âgé.   _____

e   Yasmine chante aussi bien que Marie.   _____

f   Des trois, c'est Marie qui chante le moins bien.   _____

g   Thomas est plus âgé que Yasmine.   _____

h   Marie est plus âgée que Thomas.   _____

6 Complétez les phrases avec une expression superlative de votre choix.

a   Manchester United est l'équipe _____.

b   Le français est la langue _____.

c   La cuisine italienne est la cuisine _____.

d   Renoir et Monet sont les peintres impressionnistes _____.

e   Le Louvre est le musée _____.

7 Reliez les phrases en utilisant i) <u>avant de</u> + infinitif et ii) <u>après avoir / être</u> + participe passé.

Exemple: Il a pris le petit déjeuner. Ensuite, il a quitté la maison.

i   *Il a pris le petit déjeuner avant de quitter la maison.*

ii *Après avoir pris le petit déjeuner, il a quitté la maison*

a Nous avons acheté du popcorn. Ensuite, nous avons vu le film.

b Elle a joué du piano. Plus tard elle s'est reposée.

c Les filles sont allées au concert. Après, elles ont pris un verre au bar.

d Mes parents se sont mariés. Ensuite, ils ont vécu à Lyon.

e Léa est entrée dans la salle. Ensuite, elle m'a dit bonjour.

f Je me suis disputée avec mes parents. Plus tard je me suis excusée.

g Il a lu le journal. Ensuite, il est sorti faire ses courses.

h Elles se sont douchées. Ensuite, elles ont pris le petit déjeuner.

Astuce

To say 'before doing something' in French, you use *avant de* followed by the infinitive.

'After doing something' requires *après*, followed by *avoir* or *être*, and the past participle of the verb.

8 Mettez les verbes entre parenthèses au subjonctif.

a Il faut qu'elle _____ (*écrire*) à ses parents.

b Ils veulent que je _____ (*choisir*) une nouvelle voiture.

c Ils sortent tous les soirs, bien qu'ils _____ (*avoir*) deux enfants.

d Il faut l'appeler pour qu'il _____ (*apprendre*) la nouvelle.

e Malheureusement, elle veut que j'_____ (*arrêter*) de la voir.

f Je ne veux pas que tu _____ (*aller*) seul à la fête.

g Ses parents doutent qu'elle _____ (*pouvoir*) réussir.

h Bien qu'il _____ (*avoir*) 80 ans, mon grand-père est très actif.

i Il est essentiel qu'il _____ (*recevoir*) ce message.

j Il faut que les parents _____ (*prendre*) part à la discussion.

9 Complétez les phrases avec la bonne forme de l'adjectif entre parenthèses.

a Ma sœur a deux _____ (*beau*) bébés.

b Elle vient de louer un appartement dans ce _____ (*nouveau*) immeuble.

c La municipalité a refusé de sauvegarder la _____ (*vieux*) ville.

d Elle aide le _____ (*vieux*) homme bénévolement.

e Ce _____ (*nouveau*) ordinateur est très performant.

f La route est très _____ (*long*) et dangereuse.

g Nous n'aimons pas trop les _____ (*gros*) voitures.

h L'enseignant lui parle d'une façon _____ (*franc*).

10 Mettez ces phrases à l'impératif.

Exemple: Vous ne devez pas fumer ici. *Ne fumez pas ici.*

a Tu dois te calmer.

_____

b Vous devez vous lever.

_____

c Nous allons aller au concert, non?

_____

d Tu ne dois pas t'inquiéter.

_____

e Vous ne devez pas être en retard.

_____

f Vous devez suivre le guide.

_____

g Nous n'allons pas nous disputer.

_____

h Tu dois te confier à ton meilleur ami.

_____

i Vous devez leur offrir des fleurs.

_____

h Tu dois lui donner mes félicitations.

_____

> **✓ Astuce**
>
> Don't forget that in the *tu* form of the imperative, *-er* verbs lose the *-s* from the ending: *Tu me donnes la carte, s'il te plaît. Donne-moi la carte, s'il te plaît.*
>
> Note that when reflexive verbs are used in the imperative, the pronoun changes position: *lève-toi* (stand up), *asseyons-nous* (let's sit down), *réveillez-vous* (wake up).
>
> In negative commands, the pronoun stays in the usual place: *ne te lève pas* (don't get up).

11 Transformez ces questions en inversant le sujet.

Exemple: Est-ce que vous êtes italien? *Êtes-vous italien?*

a Est-ce qu'il prend le train chaque matin? _____

b Est-ce que cet ordinateur est fabriqué en Chine? _____

c Est-ce qu'on mange du couscous en Tunisie? _____

d Est-ce que cette maison a un grand salon? _____

e Est-ce qu'elles partent pour Paris? _____

f Est-ce qu'il y a une pharmacie près d'ici? _____

g Est-ce que sa sœur habite chez ses parents? _____

h Est-ce que Paul va en Italie? _____

1 Écrivez l'équivalent en anglais de chaque expression française.

français	anglais
la bande sonore	
une blague	
blesser	
le chômage	
un court métrage	
déménager	
les effets spéciaux	
élever	
l'esprit	
un étranger	
les heures de grande écoute	
la mélodie	
un ménage	
le niveau de vie	
les paroles	
prétendre	
un produit alimentaire	
promouvoir	
protéger	
le réalisateur	
le scénario	
la tâche	
un témoin	
à temps plein	

2 Traduisez les phrases (a–j) en anglais.

> ☑ **Astuce**
>
> The phrase *soit … soit* means 'either … or'. Similar phrases are *et … et* (both … and), *ni … ni* (neither … nor), *ainsi que* (as well as).

a Les familles monoparentales sont devenues de plus en plus courantes.

_____

b Les ménages composés d'un seul parent avec des enfants ont doublé en seulement quelques années.

_____

c Trois millions d'enfants de moins de dix-huit ans sont élevés soit par leur père, soit par leur mère.

_____

d Dans quatre-vingt-cinq pour cent des cas, c'est la mère qui est chef de famille.

_____

e D'habitude, elle ne travaille pas à temps plein.

_____

f Il faut absolument protéger notre patrimoine artistique et culturel.

_____

g On devrait s'inquiéter car les courts métrages deviennent de plus en plus rares.

_____

h De nos jours, trop de réalisateurs dépendent des effets spéciaux et de la bande sonore pour assurer la réussite de leurs films.

_____

i Le scénario est vraisemblable et les acteurs ne pouvaient pas être mieux choisis.

_____

j Les paroles d'une chanson sont souvent plus importantes que la mélodie.

_____

3 Traduisez ce passage en anglais.

Quand les étrangers pensent à la France, c'est la cuisine qui vient à l'esprit. Il n'est donc pas surprenant qu'on trouve des produits alimentaires français un peu partout dans le monde. Le fromage est aussi populaire que le vin. La gastronomie a toujours été utile pour vendre la France. Le gouvernement vient d'établir un nouvel organisme qui aura la tâche de promouvoir d'autres aspects de la France, tels que la mode et le cinéma.

_____

_____

_____

_____

_____

_____

_____

> ✓ **Astuce**
>
> Many French words are very similar to English, such as _obligé, le gouvernement, texto_.
> However, watch out for _faux amis_, which are French words that look like English ones but
> have different meanings, e.g. _prétendre_ (to claim), _blesser_ (to hurt), _car_ (because / since).

4 Traduisez ce passage en anglais.

La cyberintimidation est l'utilisation des nouvelles technologies pour intimider, blesser ou humilier les autres. Beaucoup de jeunes reçoivent des texto ou messages cruels. Certains affichent des photos pour se moquer de leurs victimes car c'est plus facile d'être cruel quand on ne peut pas voir la personne. À moins qu'on ne soit témoin de la douleur que cause la cyberintimidation, il est facile de prétendre que c'est seulement une blague.

_____

_____

_____

_____

_____

_____

_____

5 Traduisez ce passage en anglais.

C'est une loi qui vient de fêter son vingtième anniversaire. La loi Toubon a imposé aux stations de radios un pourcentage minimum de chansons francophones aux heures de grande écoute pour que le gouvernement puisse protéger la musique française. Si les artistes français chantent en anglais, ils sont exclus. Selon les experts, si ces quotas n'existaient pas, nous n'aurions pas une telle richesse dans la chanson française. Et si les quotas n'avaient pas été imposés, la musique régionale et les artistes francophones n'auraient pas connu de tels succès à l'étranger. Bien que certaines stations ne soient pas d'accord avec la loi, le gouvernement ne la changera pas.

_____

_____

_____

_____

_____

_____

_____

_____

_____

1 Écrivez l'équivalent en français de chaque expression anglaise.

anglais	français
abroad	
according to	
anger	
to attract	
building	
busy	
a charity	
digital	
to download	
an exhibition	
free	
seniors / older people	
impressive	
a local council	
to make a film	
a prison	
to publish	
to restore	
rewarding	
to spend (money)	
worrying	

2 Traduisez les phrases (a–e) en français.

a Many young people download music although this is often illegal.

_____

_____

b Why spend money to buy a song if it is possible to have it free on the internet?

_____

_____

c The digital revolution has allowed producers to make films which are more and more sophisticated.

_____

_____

d The number of French films reached a record level last year according to the press.

_____

_____

e However, despite this impressive statistic, more French directors are making their films abroad.

_____

_____

> ☑ **Astuce**
>
> Watch out for adjectives in French ending in -al, such as radical. The feminine form
> is regular but in the masculine plural the ending is radic**aux**. Similar adjectives are
> national, commercial, international, original, régional, libéral.

3 Traduisez ce passage en français.

Recently, a French newspaper published a worrying article on the problems of French cinema. Unfortunately, fewer people are going to the cinema. If they go to the cinema, they usually see American films which, according to the French, are less interesting and more commercial. A famous director has proposed a radical solution. He says that if French actors spoke English, more spectators would see their films. Although this may be true, the idea has caused a lot of anger.

_____

_____

_____

_____

_____

_____

_____

4 Traduisez ce passage en français.

Grandparents can play an important role. They are often more patient and less busy than the children's parents, although they can become tired more easily. Grandparents often have more time so they can listen and talk to the children. Of course, if grandparents want to get on with their grandchildren, they must try to help them. However, if a child spoke about a serious problem, should the grandparent tell the parents?

_____

_____

_____

_____

_____

_____

_____

5 Traduisez ce passage en français.

If castles and churches no longer interest you, you will soon be able to visit a former prison in Bordeaux. This new museum will open its doors next weekend. The mayor decided to buy the site ten years ago so that visitors can appreciate the history of the town. Having restored the building, the local council hopes to attract tourists. If all goes well, there will be free exhibitions open to the public. According to Constance Dubois, the director of the museum, there will be much to see. "Come to see us. Play the role of a prisoner, imagine the awful conditions, read the original graffiti on the walls!"

_____

_____

_____

_____

_____

_____

_____

_____

1 Mettez les verbes entre parenthèses au présent <u>ou</u> au passé composé selon le sens. Ensuite, traduisez les phrases en anglais.

a Mes parents _____ (*vivre*) en Espagne depuis l'année dernière.
_____

b Pendant combien de temps est-ce que tu _____ (*étudier*) le russe?
_____

c Nous _____ (*attendre*) le bus depuis une demi-heure.
_____

d Le festival _____ (*avoir*) lieu depuis plus de vingt ans.
_____

e Est-ce que vous _____ (*être*) professeur depuis longtemps?
_____

f Ils _____ (*sortir*) ensemble depuis deux mois.
_____

g Il y a cinq ans qu'elles _____ (*habiter*) ici.
_____

h Elle _____ (*travailler*) à l'usine pendant deux ans.
_____

Astuce

Il y a … que can also be used with the present tense for an action which is still happening: *il y a deux ans que je fais du théâtre* (I've been doing drama for two years).

2 Complétez le tableau avec la bonne forme du verbe.

verbe	je...	nous...
manger	je mange	nous mangeons
commencer		
répéter		
acheter		
promener		
envoyer		
se rappeler		

3 Complétez les phrases avec le participe présent du verbe entre parenthèses.

a Il s'est endormi en _____ (*compter*) les moutons.

b En _____ (*être*) polie, elle réussit à influencer les autres.

c Il a fait une grosse erreur en _____ (*négliger*) ses études.

d Il a chanté en _____ (*se doucher*).

e Il a trouvé son portefeuille en _____ (*ranger*) sa chambre.

f Elle chante tout en _____ (*courir*).

g Il a impressionné les autres en _____ (*choisir*) la bonne réponse.

h En lui _____ (*offrir*) ce cadeau, tu l'as rendue heureuse.

Grammaire

Depuis is used with the present tense to say how long something **has been happening** (and is still happening).

J'apprends le français **depuis** six ans. I've been learning French for six years.

***Elle habite** en France **depuis** avril.* She's been living in France since April.

Compare this to the use of *pendant* with the perfect tense: *elle a habité en France pendant un an* – she lived in France for a year (but doesn't live there any more).

Astuce

Some regular -er verbs have special forms in the present tense.

– Verbs ending in **-cer** such as *lancer* (to throw) have a -ç before the vowel o to keep the same sound: *je lance, nous lan**ç**ons*.

– Verbs ending in **-ger** like *nager* have an -e before o: *je nage, nous nag**e**ons*.

– Verbs ending in **-yer**, such as *nettoyer* (to clean) have an -i before an -e: *il netto**i**e, nous nettoyons*.

– Verbs ending in **-ler** and **-ter** tend to use double l or t before an -e: *j'appe**ll**e, vous appelez, je je**tt**e, vous jetez*.

– Note also accents on verbs such as *préférer: je pré**f**ère, nous préférons*; and *mener* (to lead): *je m**è**ne, nous menons*.

Grammaire

The present participle

En is the only preposition not followed by the infinitive. It is followed instead by the present participle: *en* + present participle means 'while doing', 'in doing', 'on doing' or 'by doing' something.

*Il écoute de la musique **en faisant** ses devoirs.* He listens to music while doing his homework.

The present participle is formed, like the imperfect, from the *nous* form of the present tense: the -ons ending is replaced by -ant.

***En arrivant**, j'ai appelé mes parents.* On arriving I phoned my parents.

***En mangeant**, il a envoyé le message.* While eating he sent the message.

The only exceptions are *en étant* (while being), *en ayant* (while having), *en sachant* (while knowing).

1 Reliez le début et la fin des phrases.

a Le yacht partira…   i   …quand il aura le temps.

b On fera la fête…   ii   …j'aiderai les sans-abris.

c Quand j'aurai plus de temps…   iii …je l'achèterai.

d Quand ils se marieront…   iv   …tu te sentiras malade.

e Il enverra la lettre…   v   …quand tu auras dix-huit ans.

f Nous sortirons…   vi   …dès que le vent soufflera.

g Une fois que le prix baissera…   vii …lorsqu'il fera plus beau.

h Tant que tu ne mangeras pas…   viii …ils partiront en lune de miel.

2 Complétez les phrases avec la bonne forme du verbe entre parenthèses.

a Quand il _____ (aller) en France, il mangera des escargots.

b Je vous téléphonerai aussitôt qu'ils _____ (arriver).

c Quand elle _____ (avoir) seize ans, elle adhérera à une association caritative.

d Tu me téléphoneras dès que l'avion _____ (atterrir).

e Tu voyageras en mission humanitaire quand tu _____ (être) plus grande.

f Lorsqu'il _____ (obtenir) la promotion, il gagnera un plus gros salaire.

g Leur vie sera complètement différente une fois que le bébé _____ (être né).

h Tant que tu _____ (vivre) chez nous, tu nous obéiras.

3 Mettez les phases au futur antérieur.

a Oscar n'est pas venu: il _____ (oublier).

b Elle _____ (finir) le travail demain.

c Elle est en retard. Sa voiture _____ (tomber) en panne.

d Quand tu rentreras, je _____ (se doucher).

e Quand tu arriveras, ils _____ (partir) en vacances.

f Elle _____ (prendre) son petit déjeuner quand il se lèvera.

g Elle _____ (apprendre) enfin sa leçon.

h Il ne m'a pas appelé. Il _____ (perdre) mon numéro.

4 Traduisez les phrases de l'activité 3 en anglais.

a _____

b _____

c _____

d _____

e _____

f _____

g _____

h _____

⚡ Grammaire

In subordinate clauses that begin with the conjunctions *aussitôt que*, *dès que* (as soon as), *lorsque / quand* (when), *tant que* (as long as) and *une fois que* (once), the future tense is used to express a future action when the main verb is in the future. In English, a verb in the present tense would be used here.

Quand j'aurai dix-huit ans, j'irai en fac. **When I'm** 18, I will go to university.

*Elle apprendra à conduire **dès qu'elle quittera** le lycée.* She will learn to drive **as soon as she leaves** school.

⚡ Grammaire

The future perfect is most commonly used, as in English, to describe an action that **will have happened** or **will be finished** by a specific point in the future. It is formed by using the future tense of *avoir* or *être* followed by the past participle.

***Elle aura fini** à midi.* She will have finished at midday.

*Quand **tu arriveras**, ils l'auront déjà **fait**.* When you arrive, they will already have done it.

***Elle sera partie** demain.* She will have left tomorrow.

---

1 Complétez les phrases avec le verbe entre parenthèses au conditionnel.

   a Il a affirmé qu'un jour il _____ (être) acteur.

   b Elles nous ont dit qu'elles nous _____ (attendre) devant le cinéma.

   c Nous avons répondu que son mariage nous _____ (faire) plaisir.

   d Tu m'as promis que tu _____ (passer) ton permis de conduire.

   e Il m'a demandé si je lui _____ (téléphoner) après le film.

   f L'enfant a dit qu'un jour, il _____ (devenir) auteur.

   g Vous m'avez affirmé que vous ne _____ (voter) pas pour ce parti.

   h Elle a affirmé qu'il lui _____ (dire) toujours la vérité.

> ### 🔧 Grammaire
>
> The conditional is used in reported (or indirect) speech when the verb in the words actually spoken (direct speech) is in the future, as in English.
>
> *Il nous a dit:* « *Je reviendrai.* »
>
> He said to us: "I will come back."
>
> *Il nous a dit **qu'il reviendrait**.*
>
> He told us **he would come back**.

2 Réécrivez les phrases au discours indirect.

Exemple: Paul nous a dit: « J'achèterai des fraises. » *Il nous a dit qu'il achèterait des fraises.*

   a Oscar a répondu: « Je ferai la grève. »

   _____

   b Elle a dit: « Je l'attendrai demain. »

   _____

   c Elles ont annoncé: « Nous serons en retard. »

   _____

   d Il a dit: « Je deviendrai médecin. »

   _____

   e Tu m'as dit: « Je ne la quitterai jamais. »

   _____

   f Elle m'a promis: « Je ferai du bénévolat l'année prochaine. »

   _____

   g Il m'a assuré: « Je la reconnaîtrai tout de suite. »

   _____

   h Il m'a dit: « Je viendrai au concert. »

   _____

> ### ✅ Astuce
>
> The conditional is often used in newspaper articles or news reports to describe something that is uncertain or not known to be true.
>
> *Le voleur **aurait** les cheveux courts.* It is thought (rumoured / alleged) that the robber had short hair.

3 Mettez les verbes soulignés au conditionnel.

   a Le cambrioleur <u>est</u> un homme âgé d'une cinquantaine d'années. _____

   b Il <u>a</u> des cheveux gris mi-longs et une moustache. _____

   c Il <u>porte</u> un jogging bleu clair et des baskets blanches. _____

   d Il <u>mesure</u> un mètre soixante-dix. _____

   e Il <u>peut</u> résider dans les environs. _____

   f Il se <u>cache</u> chez un membre de sa famille. _____

1 Soulignez la bonne forme du verbe pour compléter les phrases.

a Il **habite** / **habitait** / **a habité** là depuis six mois quand je l'ai rencontré.

b Elles **ont fait** / **font** / **faisaient** grève pendant deux semaines.

c Depuis quand **jouiez-vous** / **jouez-vous** / **avez-vous joué** au foot avant de jouer au rugby?

d Elle **a vu** / **voyait** / **voit** le film pendant son séjour en France il y a deux mois.

e Quand je suis arrivée, ils **viennent** / **venaient** / **sont venus** de manger.

f Le garçon **pensait** / **pense** / **a pensé** que les fées existaient depuis son enfance.

g Vous **êtes** / **étiez** / **serez** fatigué depuis ce matin.

h Il **a vécu** / **vit** / **vivait** en France depuis des années quand je l'ai vu.

2 Mettez les verbes entre parenthèses à l'imparfait.

a Il a avoué qu'il _____ (*avoir*) peur de voler.

b Tu m'as dit que tu _____ (*déménager*) samedi.

c Il m'a demandé si j'_____ (*assister*) au concert.

d Vous avez reconnu que vous _____ (*manger*) trop de bonbons.

e Elles m'ont assuré qu'elle _____ (*se lever*) toujours à l'heure.

f Elle a annoncé qu'elle _____ (*aller*) quitter son emploi.

g Le Premier ministre a déclaré qu'il n'_____ (*être*) pas d'accord avec la loi.

h Mes voisins m'ont dit qu'ils _____ (*faire*) beaucoup de bruit.

> ### ⚡ Grammaire
>
> Use the imperfect with *depuis* to say what **had** been happening: ***j'apprenais** le français depuis cinq ans* (**I had been learning** French for five years).
>
> When *venir de* + infinitive is used in the imperfect it means 'had just': ***ils venaient de** manger* (**they had just** eaten).

> ### ☑ Astuce
>
> Remember that *pendant* is used for a completed action in the past: *il a fait du bénévolat pendant deux mois* (he did voluntary work for two months).

> ### ⚡ Grammaire
>
> When reporting what someone has said, the present tense changes to the imperfect, as in English.
>
> *Il m'a dit: « Je pars en voyage. »*
> He told me: "I'm going on a journey."
>
> *Il m'a dit qu'**il partait** en voyage.*
> He told me **he was going** on a journey.

> ### ⚡ Grammaire
>
> The conjunction *pendant que* (while) is often used with the imperfect tense to express two actions which were happening at the same time.
>
> *L'enfant faisait ses devoirs pendant que son père préparait le repas.*
> The child was doing his homework while his father made the meal.

3 Complétez les phrases en utilisant <u>pendant que</u> suivi par un verbe à l'imparfait de votre choix.

Exemple: Le garçon regardait la télé *pendant que ses parents préparaient le dîner.*

a Les parents se reposaient _____.

b J'étais au bord des larmes _____.

c Je prenais une photo _____.

d Simon se moquait de moi _____.

e Il ne faisait pas attention _____.

f Ils couraient dans la rue _____.

1 Soulignez la bonne forme du participe passé. C'est la raison i, ii ou iii?

Exemple: Il aime le roman que tu as **recommandé**. *ii*

a Combien d'enfants a-t-elle **compté** / **comptée** / **comptés**? _____

b Il déteste la couleur que tu as **choisi** / **choisie** / **choisies**. _____

c Ses lunettes? Il les a **perdue** / **perdus** / **perdues**. _____

d Il a parlé à la fille qu'il a **rencontré** / **rencontrée** / **rencontrées** au parc. _____

e Combien de verres de vin a-t-elle **bu** / **bus** / **bues**? _____

f Clémentine, est-ce que ta mère t'a **appelé** / **appelée** / **appelés**? _____

g Nos voisins nous ont **aidé** / **aidée** / **aidés**. _____

2 Complétez les phrases avec la bonne forme du participe passé de chaque verbe entre parenthèses. Attention aux accords!

a J'ai _____ (*lire*) les lettres qu'il a _____ (*envoyer*).

b Pierre a _____ (*conduire*) la voiture que sa mère a _____ (*acheter*).

c Mes parents sont allés chez mes sœurs. Ils les ont _____ (*voir*) puis ils leur ont _____ (*parler*).

d Elle a _____ (*vérifier*) les résultats que son prof a _____ (*distribuer*).

e Où sont ses clés? Il les a _____ (*oublier*).

f Je n'ai pas _____ (*comprendre*) les devoirs que j'ai _____ (*faire*) hier soir.

g As-tu _____ (*lire*) tous les romans que Zola a _____ (*écrire*)?

h Je suis _____ (*tomber*) amoureux de Claire que j'ai _____ (*rencontrer*) à la fête.

3 Décidez s'il faut le subjonctif dans ces phrases, puis soulignez la bonne forme du verbe.

a Il a peur qu'elle **n'a pas réussi** / **n'ait pas réussi**.

b Je crois qu'il **est revenu** / **soit revenu** chez lui.

c J'espère que tu **as pris** / **aies pris** la bonne décision.

d Elle doute qu'il **est allé** / **soit allé** le voir.

e Elles sont certaines que le film **est sorti** / **soit sorti**.

f Il n'a pas réussi bien qu'il **a travaillé** / **ait travaillé** dur.

g J'ai rangé la maison avant que mes parents ne **sont rentrés** / **soient rentrés**.

h Il est probable que nous **avons** déjà **vu** / **ayons** déjà **vu** ce film.

⊡ Grammaire

The perfect tense is formed with an auxiliary verb (*avoir* or *être*) and a past participle. With all verbs that take *être*, the past participle must agree with the subject of the verb.

In general, past participles that take *avoir* don't change unless the direct object of the sentence comes before the verb, in which case the past participle needs to agree with the direct object in gender and number.

Note these three cases in which the past participle with *avoir* might need to agree.

i If there is a **direct object pronoun** which is feminine or plural (*me, te, la, nous, vous, les*) before the verb: *je **les** ai vu**s*** (I saw them). Note that indirect object pronouns do not agree.

   J'aime Sophie, je lui ai parlé hier.
   I like Sophie, I spoke to her yesterday.

ii If the subordinate clause starts with **que** and *que* stands for something feminine or plural.

   *J'adore les fleurs **que** tu as achet**ées**.*
   I love the flowers which you have bought.

iii If **inversion** is used in a question.

   *Combien de livres as-tu lu**s**?*
   How many books have you read?

☑ Astuce

To form the perfect tense of the subjunctive, use the present subjunctive of *avoir* or *être* followed by the usual past participle.

See page 34 for a reminder of the present subjunctive.

1 Reliez le début et la fin des phrases.

a L'oiseau est retourné à l'arbre…
b Il est revenu dans le salon…
c Elle a mangé toutes les fraises…
d J'ai lu le message…
e Quand je suis arrivée j'ai vu…
f Il s'est rendu compte qu'…

i …car il y avait laissé ses clés.
ii …qu'elle avait achetées au marché.
iii …que mes amis étaient partis sans moi.
iv …où il avait construit son nid.
v …il n'avait pas fermé la porte.
vi …que ma mère m'avait envoyé.

> **✓ Astuce**
> The pluperfect tense is essentially used to talk about one past event occurring **before** another past event. It is therefore often used in the same sentence as a perfect tense: *il est revenu au village où il était né* (he came back to the village where he had been born).
> See page 19 for a reminder of the formation of the pluperfect tense.

> **✓ Astuce**
> The pluperfect is often used after phrases in the imperfect tense such as *je ne savais pas que, je pensais que, je croyais que*.
> *Je croyais que tu étais déjà sorti.* I thought that you had already gone out.

2 Mettez les verbes entre parenthèses au plus-que-parfait. Ensuite, traduisez les phrases complètes en anglais.

a Je pensais que mes parents _____ (rentrer).

b Elle croyait qu'il _____ (oublier) son nom.

c On ne savait pas que tu _____ (venir).

d Les profs pensaient que les élèves _____ (tricher).

e Elles pensaient que le chanteur _____ (perdre) sa voix.

f Nous ne savions pas que tu _____ (vivre) en France.

g Les filles ne pensaient pas que les garçons _____ (se laver).

h La police ne savait pas qu'il _____ (passer) six mois en prison.

3 Soulignez la bonne forme du participe passé. Attention aux accords!

a Est-ce qu'elle était déjà **venu** / **venue** / **venus** dans ce café?
b Elle ne savait pas qu'elles avaient **reçu** / **reçue** / **reçues** un e-mail.
c Elle était **descendu** / **descendue** / **descendus** par l'escalier.
d Les parents adoraient les fleurs que les enfants avaient **acheté** / **achetés** / **achetées**.
e Elles pensaient que leur père les avait **vu** / **vus** / **vues**.
f Thérèse, nous ne savions pas que tu étais **né** / **née** / **nées** ici.
g Est-ce qu'il a vu la pièce qu'on avait **recommandé** / **recommandés** / **recommandée**?
h Marc avait toujours voulu la voiture qu'il avait **choisi** / **choisie** / **choisis**.

🔲 Grammaire

The past historic is the literary equivalent of the perfect tense, which means that it is used only in formal writing such as novels, short stories and historical writing. You will not need to use this tense, but you will need to recognise it.

all -er verbs	regular -ir and -re verbs	some irregular verbs
aller	vendre	être
j'all**ai**	je vend**is**	je **fus**
tu all**as**	tu vend**is**	tu **fus**
il/elle all**a**	il/elle vend**it**	il/elle **fut**
nous all**âmes**	nous vend**îmes**	nous **fûmes**
vous all**âtes**	vous vend**îtes**	vous **fûtes**
ils/elles all**èrent**	ils/elles vend**irent**	ils/elles **furent**

R 1 Soulignez les verbes au passé simple dans ce passage.

La bonne grand-mère lui cria: « Entre ». Le loup ouvrit la porte. Il se jeta sur la bonne femme, et la dévora en moins de rien. Ensuite, il ferma la porte et alla se coucher dans le lit de la grand-mère. Il attendit le petit Chaperon rouge, qui arriva bientôt à la porte. Le petit Chaperon rouge, qui entendit la grosse voix du loup, eut d'abord peur, mais croyant que sa mère-grand était enrhumée, répondit: « C'est votre petite-fille le petit Chaperon rouge, qui vous apporte une galette et un petit pot de beurre que ma mère vous envoie. » Le loup lui cria: « Entre, ma chérie. » Et le petit Chaperon ouvrit la porte…

✅ Astuce

Many irregular verbs form the past historic from the past participle: eu → il **eut** (he had), bu → il **but** (he drank), pris → il **prit** (he took). Watch out also for these irregular verbs:

– venir: je **vins**, il **vint**, nous **vînmes**, ils **vinrent**
– faire: je **fis**, il **fit**, nous **fîmes**, ils **firent**
– voir: je **vis**, il **vit**, nous **vîmes**, ils **virent**

R 2 Remplissez les blancs avec le bon verbe de la case.

> embrassa   monta   fut   prit   dit   promit   vit
> remarqua   défendit   partit   ouvrit

Barbe Bleue **a** _____ à sa femme qu'il était obligé de faire un voyage en province mais il lui **b** _____ d'entrer dans le petit cabinet. Elle **c** _____ d'observer exactement tout ce qui lui était ordonné. Il l'**d** _____ et monta dans son carrosse, et **e** _____ pour son voyage. Un jour, la femme **f** _____ au premier étage où elle vit la porte du petit cabinet. Elle **g** _____ si curieuse qu'elle **h** _____ la clé et **i** _____ en tremblant la porte du cabinet. D'abord elle ne **j** _____ rien, parce que les fenêtres étaient fermées. Après quelques instants, elle **k** _____ avec horreur que le plancher était couvert de sang…

R 3 Mettez les verbes soulignés au passé composé.

La marraine lui <u>demanda</u> **a** _____ ce qu'elle avait. « Je voudrais bien… je voudrais bien… » Elle pleurait si fort qu'elle <u>ne put pas</u> **b** _____ terminer. Sa marraine, qui était fée, lui <u>dit</u>: **c** _____ « Tu voudrais bien aller au bal, n'est-ce pas? »

Elle la <u>mena</u> **d** _____ dans sa chambre, et lui <u>commanda</u> **e** _____: « Va dans le jardin et apporte-moi une citrouille. » Cendrillon <u>alla</u> **f** _____ aussitôt cueillir une citrouille et la <u>porta</u> **g** _____ à sa marraine. Sa marraine la <u>frappa</u> **h** _____ de sa baguette, et la citrouille <u>devint</u> **i** _____ un beau carrosse doré.

Ensuite, elle <u>trouva</u> **j** _____ six souris et à chaque souris, elle donnait un coup de sa baguette, et les souris <u>devinrent</u> **k** _____ aussitôt de beaux chevaux…

1 Complétez les phrases avec le verbe entre parenthèses au bon temps.

a Si le ministre _____ (accepter) les demandes du syndicat, la grève se terminerait.

b Si les jeunes de seize ans _____ (avoir) le droit de vote, ils s'intéresseraient plus à la politique.

c Si le maire _____ (être) plus honnête, il aurait évité le scandale.

d Si tu _____ (vouloir) protester contre la loi, viens manifester avec nous.

e Il y aurait des élections si le gouvernement _____ (perdre) le vote.

f Est-ce qu'on peut toujours voter, si on _____ (perdre) sa carte d'électeur?

g Il serait devenu moins populaire, s'il _____ (gagner) l'élection.

h Si tous les partis de gauche _____ (faire) une alliance, les partis de droite ne l'emporteraient pas.

2 Soulignez la bonne forme du verbe pour compléter les phrases.

a J'ai dit que quand tu **acceptes / acceptais / accepterais** mes demandes, j'arrêterais de protester.

b Quand les jeunes comprendront les mesures, ils **participent / participeront / participaient** au débat.

c Lorsqu'elle **a / aura / avait** dix-huit ans, elle votera aux élections municipales.

d Il a promis qu'il ferait le travail aussitôt qu'il **a / aura / aurait** le temps.

e Il travaillerait mieux si le patron lui **offre / offrait / offrirait** une promotion.

f Quand on vous **demande / demandera / demanderait** votre opinion, qu'est-ce vous leur direz?

g Vous avez dit que vous répondriez dès que vous **avez / aurez / auriez** le temps.

h S'il pouvait, il **signe / signera / signerait** le contrat.

3 Complétez les traductions françaises des phrases anglaises avec la bonne forme du verbe entre parenthèses. Attention au subjonctif!

a J'espère que tu _____ (accepter) ma proposition.

I hope you will accept my suggestion.

b Demain elle _____ (oublier) ce qu'il lui a dit.

Tomorrow, she will have forgotten what he has told her.

c Lorsqu'elle _____ (arriver), nous parlerons du problème.

When she arrives, we will talk about the problem.

d Apporte un parapluie au cas où il _____ (pleuvoir).

Bring an umbrella in case it rains.

e Le journaliste _____ (écrire) l'article après avoir parlé au ministre.

The journalist had written the article after speaking to the minister.

f J'ai consulté mon collègue bien qu'il ne _____ (être) pas très honnête.

I consulted my colleague although he is not very honest.

g Si elle _____ (recommander) le film, ils iraient le voir.

If she recommended the film, they would go and see it.

h Elle lisait l'article quand il _____ (entrer).

She was reading the article when he came in.

⚡ Grammaire

The tense to use in *si* clauses depends on how likely the action is. If it is quite **likely**, the present tense is followed by either:

- the present: *si tu veux, tu peux m'aider* (if you like, you can help me)
- the imperative: *si tu veux, aide-moi* (if you like, help me)
- the future: *si tu veux, tu pourras le voir* (if you like, you will be able to see him).

If the event is **unlikely**, the imperfect is used with the conditional: *si tu pouvais, tu m'aiderais* (if you could, you would help me).

If the event is **no longer possible**, the pluperfect is used with the conditional perfect: *si tu m'avais demandé, je t'aurais aidé* (if you had asked me, I would have helped you).

⚡ Grammaire

The conditional is used after the conjunctions *quand, lorsque, dès que, aussitôt que* when the verb in the main clause is in the conditional, even if English uses the past tense.

*Elle écrirait l'article **lorsqu'elle aurait** le temps.* She would write the article **when she had** the time.

***Dès que le ministre expliquerait** le problème, le public comprendrait.* **As soon as the minister explained** the problem, the public would understand.

If the verb in the main clause is in the future, the future is also used after these same conjunctions (see page 50).

✅ Astuce

The conditional is also used after *au cas où* (in case): *elle ne sortira pas au cas où il viendrait* (she won't go out in case he comes).

1 Soulignez le verbe au passé simple qui convient le mieux.

a François Mitterrand **naquit** / **trouva** / **entra** à Jarnac en 1916.

b Il **fut** / **vit** / **fit** des études à Sciences Po.

c Il **commença** / **retrouva** / **finit** sa carrière de journaliste tout de suite après.

d Pendant la Seconde Guerre mondiale, il **quitta** / **entra** / **créa** dans la Résistance.

e En 1944, il **épousa** / **écrit** / **parla** une jeune résistante, Danielle Gouze.

f Il **devint** / **revint** / **considéra** le principal adversaire politique du Général de Gaulle après la guerre.

g Pendant quatorze ans, il **exerça** / **passa** / **signa** la présidence de la République française.

h Il **naquit** / **forma** / **mourut** en 1996.

2 Soulignez la bonne forme du verbe (futur, conditionnel présent ou conditionnel passé). Ensuite, traduisez chaque phrase.

a Si le gouvernement prend des mesures, il y **aura** / **aurait** / **aurait eu** moins de pauvreté.

_____

_____

b Si le chômage diminuait, les marginalisés **trouveront** / **trouveraient** / **auraient trouvé** du travail.

_____

_____

c Si nous ne faisons rien, nous en **payerons** / **payerions** / **aurions payé** le prix.

_____

_____

d Si on avait travaillé ensemble, on **pourra** / **pourrait** / **aurait pu** trouver une solution.

_____

_____

e Si on tombe malade, on **pourra** / **pourrait** / **aurait pu** voir un médecin.

_____

_____

f Elle garde son portable à la main toute la journée, au cas où il **appellera** / **appellerait** / **aurait appelé**.

_____

_____

g Si on n'avait pas trouvé un logement décent, on **vivra** / **vivrait** / **aurait vécu** dans la rue.

_____

_____

h Le journaliste avait été informé qu'une conférence de presse **aura lieu** / **aurait lieu** / **aurait eu lieu**.

_____

_____

3 Complétez les phrases avec le participe présent ou passé du verbe entre parenthèses. Attention aux accords!

a Après être _____ (sortir) de prison, elle a trouvé un emploi.

b En _____ (travailler), elle a développé un sentiment d'appartenance.

c Elle a _____ (vivre) en conformité avec les valeurs sociales.

d Elle n'aurait jamais _____ (croire) qu'elle pourrait réussir à se réinsérer.

e En _____ (choisir) ce mode de vie, elle évitera la récidive.

f Avant sa sentence, elle avait _____ (connaître) une vie complètement différente.

g Cette nouvelle vie lui a _____ (permettre) de développer une estime d'elle-même.

h Elle a maintenant honte des infractions qu'elle avait

_____ (commettre).

> **✓ Astuce**
>
> The present participle after *en* does not agree with the subject: *en entrant, elle a dit bonjour.*
>
> The past participle after *après avoir* or *après être* does agree, however: *après être entrée, elle a dit bonjour.*

4 Mettez les verbes soulignés à l'imparfait.

a Quelle journée magnifique. Le soleil <u>brille</u> _____.

b Les oiseaux <u>chantent</u> _____ dans les arbres.

c Je <u>sens</u> _____ les odeurs d'herbe juste coupée.

d Mon frère <u>observe</u> _____ un papillon qui <u>vole</u>

_____ dans les fleurs.

e Il n'y <u>a</u> _____ rien de mieux que la campagne à ce moment-là.

f Nous <u>promenons</u> _____ le chien qui, lui aussi, <u>apprécie</u>

_____ le paysage.

g Les feuilles <u>verdissent</u> _____ car le soleil les

<u>réchauffe</u> _____.

h Que de bonheur car nous en <u>avons</u> _____ assez de la grisaille.

5 Complétez les phrases avec la bonne forme du participe passé des verbes entre parenthèses. Attention aux accords!

a Ils se sont _____ (promener) dans des champs.

b Les efforts qu'il avait _____ (faire) l'ont fatigué.

c Les pluies abondantes avaient _____ (causer) des inondations.

d Nous les avons _____ (remercier) pour leur aide.

e Elle a chanté toutes les chansons qu'elle avait _____ (apprendre).

f Si elles avaient consulté la météo, elles ne seraient pas _____ (partir).

g J'ai trouvé les bananes que tu as _____ (acheter) un peu fades.

h Elle m'a écrit mais je ne lui ai pas _____ (répondre).

> **✓ Astuce**
>
> Remember that if a verb uses *avoir* in the perfect tense, the past participle needs to agree with the direct object pronoun if it comes before the verb.
>
> *Où sont mes lunettes? Tu **les** as vu**es**?*
>
> Where are my glasses? Have you seen **them**?
>
> However, remember that there is no agreement with an indirect object pronoun, even if it comes before the verb.
>
> *Tu as vu les filles? Tu **leur** as **parlé**?*
>
> Have you seen the girls? Have you spoken **to them**?

6 Remplissez les blancs avec un verbe au subjonctif. Choisissez le bon verbe dans la case.

| avoir   dessiner   être   pouvoir   mentir   faire   se concentrer |

a   Il faut que tu _____ à l'heure à ton cours.

b   Il est important que vous _____ bien sur ce devoir.

c   Il ne faut pas qu'ils _____ sur les murs.

d   Bien qu'il _____ de bonnes notes, il n'est pas content.

e   Il est nécessaire qu'on _____ travailler en silence.

f   Il faut qu'il _____ plus d'efforts d'adaptation.

g   Il ne faut pas qu'ils _____ à leurs parents.

h   Allume la lumière pour qu'il n'_____ pas peur.

7 Réécrivez ces phrases au discours indirect.

Exemple: Il a dit à sa mère: « Aujourd'hui, tu vas manger au restaurant. »
  Il a dit à sa mère qu'elle allait manger au restaurant (ce jour-là).

a   Il a dit à sa mère: « Demain, tu iras manger au restaurant. »

  _____

  _____

b   Il a dit à sa mère: « Hier, j'ai mangé au restaurant. »

  _____

  _____

c   Elle a dit à sa copine: « Hugo va venir. »

  _____

  _____

d   Elle a dit à sa copine: « Hugo est venu hier. »

  _____

  _____

e   Elle a dit à sa copine: « Hugo viendra avec Elsa. »

  _____

  _____

f   Nous avons dit à nos parents: « Nous travaillerons dur. »

  _____

  _____

g   Ils ont dit à leur profs: « Nous avons travaillé dur. »

  _____

  _____

h   Il a dit: « Je trouve cet auteur passionnant. »

  _____

  _____

8 Soulignez la bonne forme du verbe pour compléter ces phrases.

   a   Je suis heureux que tu **es venu** / **soit venu** / **sois venu** hier.

   b   On a peur qu'il **est tombé** / **soit tombé** / **soit tombée**.

   c   Elle ne pense pas tu **as oublié** / **aies oublié** / **ait oublié**.

   d   Il était ravi que les filles **sont venues** / **soient venus** / **soient venues** à la fête.

   e   Elle doute qu'il **a fini** / **ait fini** / **ait finie** ses devoirs.

> ✅ **Astuce**
>
> All reflexive verbs take *être* in the perfect tense. You also need to make sure that the reflexive pronouns (*me, te, se, nous, vous, se*) are positioned before the correct form of *être*.
>
> If the reflexive pronoun replaces the direct object of the verb, the past participle needs to agree with it: *elle s'est lavée* (she washed **herself**). If the direct object comes after the verb, however, no agreement with the reflexive pronoun is necessary: *elle s'est lavé **les cheveux*** (she washed **her hair**).

9 Complétez les phrases avec le verbe entre parenthèses au temps indiqué. Ensuite, traduisez les phrases complètes en anglais.

   a   Si elle avait fait plus attention, elle _____ (*comprendre*) le sujet. (conditionnel passé)

   _____

   b   Elle jouait au foot quand elle _____ (*se casser*) la jambe. (passé composé)

   _____

   c   Autrefois, sa musique _____ (*plaire*) à tout le monde. (imparfait)

   _____

   d   Si mon fils avait un emploi, il _____ (*se sentir*) plus confiant. (conditionnel)

   _____

   e   Dès que l'étudiant _____ (*se lever*), il fera le ménage. (futur)

   _____

   f   Si tu es stressé, _____ (*se détendre*) un peu. (impératif)

   _____

   g   Quand les élections _____ (*avoir*) lieu, nous voterons pour vous. (futur)

   _____

   h   Il ne faut pas que tu _____ (*se moquer*) de lui. (subjonctif)

   _____

10 Complétez les phrases avec une proposition subordonnée de votre choix. Attention! Utilisez le bon temps.

   a   Si elle avait gagné plus d'argent, _____.

   b   Quand je quitterai l'école, _____.

   c   Si mon ami avait des problèmes, _____.

   d   Je vais essayer de le faire, bien que _____.

   e   Ils nous ont dit qu'ils _____.

   f   Quand elle était petite, elle _____.

1 Écrivez l'équivalent en anglais de chaque expression française.

français	anglais
adhérer à	
appeler à la grève	
arrêter (un malfaiteur)	
avoir droit à	
une caméra de surveillance	
une cellule	
le congé de maternité	
se dégrader	
un détenu	
efficace	
l'engagement politique	
une entreprise	
la formation professionnelle	
une manifestation	
une mesure	
les milieux défavorisés	
un parti politique	
un récidiviste	
la réinsertion	
un syndicat	

> ✅ **Astuce**
>
> Some verbs such as *conseiller* (to advise), *demander* (to ask), *dire* (to tell), *permettre* (to allow) take *à* before a person and then *de* before an infinitive.
>
> *Il a permis **à** sa fille **de** sortir.*
>
> He allowed his daughter to go out.
>
> *Il **lui** a dit **de** s'en aller.*
>
> He told him to go away.

2 Traduisez les phrases (a–j) en anglais.

a Les syndicats pourraient appeler à la grève si les employeurs refusaient leurs revendications.

_____

b Des manifestations auront lieu si les travailleurs ne sont pas satisfaits.

_____

c On aurait pu éviter le conflit si le patron avait offert une augmentation de salaire.

_____

d Dans les cinq ans à venir, l'entreprise aura créé plus de deux mille postes.

_____

e Le premier ministre a signé un accord pour permettre aux femmes de prolonger leur congé de maternité.

_____

f Le journaliste a demandé au ministre de répondre à toutes ces questions.

_____

g Le ministre avait refusé de confirmer les résultats de l'étude sur les conditions dans les prisons françaises.

_____

h Les détenus ont été obligés de rester dans leurs cellules à cause d'une émeute.

_____

i Après être sortis de prison, la plupart des détenus ne pourront pas trouver de travail.

_____

j Pour éviter la récidive, il faut que les anciens détenus puissent trouver un logement.

_____

> ☑ **Astuce**
>
> The expression *ne … guère* means 'not much / not very', 'scarcely' or 'hardly'.
>
> *Il n'y avait guère de formation*. There was scarcely any training.
>
> *Elle n'est guère patiente*. She's not very patient.
>
> *À peine* is a similar phrase but it is not negative.
>
> *Le bébé a à peine deux mois.*
> The baby is scarcely two months old.
>
> *J'avais à peine fini quand elle est arrivée.*
> I had barely finished when she arrived.

3 Traduisez ce passage en anglais.

Un détenu qui a passé des années en prison pour plusieurs vols nous parle du manque de formation dans les prisons. Pour lui, la violence sera inévitable si la situation continue à se dégrader: « Je suis en détention depuis dix ans. On vient de me confirmer que je serai libéré la semaine prochaine. J'ai peur. On a droit à une formation pour que notre réinsertion réussisse mais cette formation n'est guère suffisante. »

_____

_____

_____

_____

> ☑ **Astuce**
>
> The conditional perfect of the verbs *devoir* and *pouvoir* can be used to convey 'should have' / 'could have'.
>
> *Elle aurait dû venir*. She should have come.
>
> *Il aurait pu me le dire*. He could have told me.

4 Traduisez ce passage en anglais.

La criminalité a augmenté au cours des dernières années. Les mesures que le gouvernement a prises n'ont guère été efficaces malgré les sommes importantes qu'on a dépensées. Le nombre de récidivistes reste inquiétant. On pourrait réduire la délinquance en installant des caméras de surveillance. De plus, les jeunes de milieux défavorisés auraient moins de chances d'être arrêtés s'ils recevaient une formation professionnelle. On aurait dû encourager ces jeunes à terminer leurs études.

_____

_____

_____

_____

5 Traduisez ce passage en anglais.

Seuls deux pour cent des jeunes de moins de trente ans adhèrent à un parti politique. Ils font rarement partie d'un syndicat. Une étude que le gouvernement vient de publier montre que les jeunes abandonnent les formes traditionnelles d'engagement politique. Les chiffres de l'abstention aux élections confirmeront cette tendance. Dans les dernières élections régionales, la plupart des dix-huit à vingt-quatre ans n'étaient pas allés voter. L'enquête révèle qu'ils aiment mieux les formes d'expression individuelles. Par exemple, quarante-deux pour cent des jeunes ont signé une pétition en ligne. Un grand nombre avait participé à une manifestation.

_____

_____

_____

_____

_____

1 Écrivez l'équivalent en français de chaque expression anglaise.

anglais	français	anglais	français
to arrest		to be interested in	
blood		the media	
beforehand		optimistic	
to complain		police officer	
covered in		police station	
the crime rate		the political class	
to deserve		politicians	
to despise		to release	
drug dealer		to trust	
to fight		to vote	
a fight		victim	
to increase			

2 Traduisez les phrases (a–e) en français.

a When he speaks, no-one will listen to him.

_____

b He had joined the party when he was young but he has always regretted it.

_____

c If it had been possible, she would have voted but she is too young.

_____

_____

d However, we want the government to encourage the young to become interested in politics.

_____

_____

e This would have been easier if politicians had been more honest.

_____

3 Traduisez ce passage en français.

If you ask people if they think that the crime rate is increasing, they will say the same thing. The public does not believe that there is less crime than in the past. However, this is not true. The crime rate has been going down for twenty years. If the media were more honest, we would probably be more optimistic. The press often publishes sensational stories so that more people buy newspapers. If journalists were more responsible, the public would be less anxious.

_____

_____

_____

_____

_____

_____

_____

> ✅ **Astuce**
>
> *Penser que* and *croire que* are not followed by the subjunctive. However, **ne pas** *penser* and **ne pas** *croire* do require a subjunctive verb.
>
> *Je pense que le taux de criminalité a baissé.*
> I think the crime rate has gone down.
>
> *Je **ne** crois **pas** que les prisons **soient** efficaces.*
> I don't think prisons are effective.

> ☑ **Astuce**
>
> 'Fewer and fewer' can be conveyed by the expression *de moins en moins de*.
>
> *De moins en moins de jeunes font confiance aux politiciens.*
>
> Fewer and fewer young people trust politicians.
>
> 'More and more' is *de plus en plus de*.
>
> *De plus en plus de personnes âgées s'intéressent à la politique.*
>
> More and more older people are interested in politics.
>
> *La plupart* (the majority / most) takes a plural verb.
>
> *La plupart des gens pensent que…*
>
> Most people think that…

4 Traduisez ce passage en français.

We want our politicians to tell us the truth. However, fewer and fewer people have a good opinion of the political class. Most people trust doctors and teachers, but politicians have a very bad reputation, which they often have not deserved. What can politicians do to improve this situation? Firstly, they should use social networks to communicate with the young, who despise them more than older people.

_____

_____

_____

_____

_____

_____

_____

_____

> ☑ **Astuce**
>
> Most reflexive verbs suggest an action done to oneself: contrast *il s'est lavé* (he washed himself) with *il a lavé la voiture* (he washed the car).
>
> Note that several French verbs can change their meaning when they are reflexive: *plaindre* (to pity) but *se plaindre* (to complain), *tromper* (to deceive) but *se tromper* (to make a mistake), *aller* (to go) but *s'en aller* (to go away), *attendre* (to wait) but *s'attendre* (to expect), *sauver* (to save) but *se sauver* (to run away).

5 Traduisez ce passage en français.

When Marcel came home, with his clothes covered in blood, many police officers were waiting for him. The police arrested him and took him to the police station. He had insisted that his drug dealer, Raoul, had committed the crime. According to Marcel, Raoul had arrived at Marcel's house in the afternoon and had asked him to call Guido, the victim. Raoul and Guido had fought a few months beforehand and Guido had won. Raoul complained that he hadn't seen Guido since the fight. Guido ran away every time he saw him.

_____

_____

_____

_____

_____

_____

_____

_____

🔲 Grammaire

In a sentence using the active voice, the subject performs the action: *le chien mord le garçon* (the dog bites the boy). In the **passive voice**, the subject has the action done to it: *le garçon est mordu par le chien* (the boy is bitten by the dog).

The passive is formed using the appropriate part of *être* followed by the past participle, which agrees with the subject: *les paparazzis suivent l'actrice* (the paparazzi follow the actress – active) becomes *l'actrice est suivie par les paparazzis* (the actress is followed by the paparazzi – passive).

1 Mettez les phrases à la voix passive.

a Enzo mange la tarte. _____

b L'artiste vend les tableaux. _____

c Chloé écrit le poème. _____

d Les élèves respectent les professeurs. _____

e Ma mère cultive les fleurs. _____

f Le sucre cause beaucoup de maladies. _____

g Les frères construisent la grande maison. _____

h La chanteuse choque les spectateurs. _____

☑ Astuce

The passive can be used in any tense. You just have to change the tense of the verb *être*: *la maison était construite* (the house was built), *la maison a été construite* (the house has been built), *la maison avait été construite* (the house had been built), *la maison sera construite* (the house will be built), and so on.

★ 2 Mettez les phrases (qui sont à la voix passive) au temps indiqué.

a La prison est détruite par les détenus. (imparfait) _____

b Les leçons sont apprises. (passé composé) _____

c La brochure est écrite par le patron. (futur) _____

d Tous ses rêves sont détruits. (conditionnel) _____

e Les vêtements sont choisis par les couturiers. (plus-que-parfait) _____

f Le vidéoclip est vu par tout le monde. (futur antérieur) _____

g Mes parents sont déçus par mes résultats. (conditionnel passé) _____

h La décision est déjà prise. (passé composé) _____

☑ Astuce

The passive can often be avoided by the use of the pronoun *on* followed by a verb in the active voice: **on vend** *des glaces à la plage* (instead of *des glaces sont vendues à la plage*), **on fabriquera** *des jouets* (instead of *des jouets seront fabriqués*).

Note that 'it is said that' is always expressed as *on dit que* and 'I was asked' as *on m'a demandé*. In other words, *dire* and *demander* are not used in the passive.

★ 3 Mettez les phrases à la voix active en utilisant le pronom <u>on</u>.

a Les bâtiments seront illuminés. _____

b Les poubelles sont vidées le mardi. _____

c Les portes ont été fermées avant le concert. _____

d Les souvenirs avaient été vendus à la fin. _____

e Des appartements seraient construits près de la gare. _____

f Le pain est fait à la main. _____

⚡ Grammaire

Remember that the subjunctive often expresses actions which are uncertain and it is nearly always used in subordinate clauses introduced by *que*. Certain conjunctions such as *à moins que* (unless), *pour que* (so that), *pourvu que* (provided that) and *bien que* (although) are followed by the subjunctive. For a reminder on how to form the present subjunctive see page 34.

The subjunctive is also frequently used with **superlative expressions** such as: *le seul, l'unique* (the only), *le premier* (the

first), *le dernier* (the last), *le meilleur* (the best), *le pire* (the worst).

C'est le seul logiciel qui soit utile.
It's the only piece of software which is useful.

To form the **perfect subjunctive**, simply use the subjunctive of the auxiliary (*avoir* or *être*) followed by the past participle.

Elle a faim bien qu'elle ait déjà mangé.
She is hungry although she has already eaten.

⭐ **1** Mettez les verbes entre parenthèses au subjonctif. Ensuite, traduisez les phrases complètes en anglais.

a Ce sont les seuls cas que les avocats

_____ (*accepter*).

_____

b Ce sont les meilleures vacances qu'elle

_____ (*avoir*) passées.

_____

c Elle me dit que c'est le pire film qu'elle

_____ (*connaître*).

_____

d C'est le meilleur investissement que nous

_____ (*pouvoir*) faire.

_____

e Tu es la seule personne qu'elles _____
(*avoir*) invitée.

_____

f C'est le pire résultat qu'il _____ (*avoir*) obtenu.

_____

g C'est le seul modèle que nous _____
(*vendre*) en magasin.

_____

h Je crois que c'est le premier film que tu

_____ (*avoir*) vu.

_____

⚡ Grammaire

You will come across the **imperfect subjunctive** in literary texts. It is often used after the imperfect tense in the main clause to express an uncertain action.

*Je ne pensais pas qu'il **fût** aussi désagréable.*
I didn't think he was so unpleasant.

You will not use the imperfect subjunctive but you may need to recognise it. It is formed from the *il/elle* form of the past historic. The endings are as follows:

aller	finir
j'alla**sse**	je fini**sse**
tu alla**sses**	tu fini**sses**
il/elle all**ât**	il/elle fin**ît**
nous alla**ssions**	nous fini**ssions**
vous alla**ssiez**	vous fini**ssiez**
ils/elles alla**ssent**	ils/elles fini**ssent**
rendre	**avoir**
je rendi**sse**	j'eu**sse**
tu rendi**sses**	tu eu**sses**
il/elle rend**ît**	il/elle e**ût**
nous rendi**ssions**	nous eu**ssions**
vous rendi**ssiez**	vous eu**ssiez**
ils/elles rendi**ssent**	ils/elles eu**ssent**

In contemporary French, the imperfect subjunctive is often replaced by the present subjunctive.

R **2** Complétez le tableau avec la bonne forme du verbe. Choisissez dans la case.

> fusse fisses fissiez fussions fît fissent fût trouvasses
> trouvassiez trouvât rendisses rendissiez rendît prisse
> prissent prissions

	trouver	être	faire	prendre	rendre
que je	trouvasse		fisse		rendisse
que tu		fusses		prisses	
qu'il/ elle				prît	
que nous	trouvassions		fissions		rendissions
que vous		fussiez		prissiez	
qu'ils/ elles	trouvassent	fussent			rendissent

Grammaire

The pronouns *y* and *en*

The pronoun **y** is used to replace a place which has a preposition such as *à* or *en* in front of it: *je vais en France* (I'm going to France) becomes *j'y vais* (I'm going there); *elle est allée chez lui* (she went to his house) becomes *elle y est allée* (she went there).

It is also used with verbs which take the preposition *à*, when referring to an object: *il pense à son travail* (he's thinking about his work) becomes *il y pense* (he's thinking about it).

When referring to a person, *y* cannot be used: *il pense à sa femme* (he's thinking about his wife) becomes *il pense à elle* (he's thinking about her).

En is used to replace a quantity and numbers: *elle veut six pommes* (she wants six apples) becomes *elle en veut six* (she wants six of them). It is also used with verbs which take the preposition *de*, when referring to an object: *il parle de son travail* (he's talking about his work) becomes *il en parle* (he's talking about it).

When referring to a person, *en* cannot be used: *il parle de son fils* (he's talking about his son) becomes *il parle de lui* (he's talking about him).

1 Remplacez les mots soulignés avec y ou en.

a Il achète <u>des pommes</u>. _____

b Des enfants? Oui, j'ai trois <u>enfants</u>. _____

c Hier, elle est allée <u>au gymnase</u>. _____

d Il réfléchit <u>à la philosophie</u>. _____

e Elle rêve <u>de ses prochaines vacances</u>. _____

f Je crois <u>à ses promesses</u>. _____

g Ils ont parlé <u>de leur croisière</u>. _____

h Nous avons passé huit jours <u>aux États-Unis</u>. _____

2 Reliez les questions (a–f) et les bonnes réponses (i–vi).

a Tu veux aller au cinéma?

b Lucas est certain?

c Léa est dentiste?

d Elles sont françaises?

e Il va se venger?

f Il va réussir?

i Non, il ne l'est pas.

ii Oui, je l'espère. Il va travailler plus.

iii Oui, elles le sont.

iv Oui, il le jure.

v Non, je ne le veux pas.

vi Non, elle ne l'est pas.

Grammaire

The neuter object pronoun *le* is used in certain constructions, mainly in written French.

*Vous êtes Italien? Oui, je **le** suis.*
Are you Italian? Yes, I am.

*Tu viens nous voir? Non, je ne **le** crois pas.*
Are you coming to see us? No, I don't think so.

3 Soulignez la bonne forme du participe passé.

a Après s'être **levée** / **levés** / **levées**, les filles ont pris le petit déjeuner.

b Nous nous sommes **acheté** / **achetée** / **achetés** une voiture.

c Les deux sœurs ne s'étaient pas **parlé** / **parlée** / **parlées** depuis le divorce.

d Ils se seraient **couché** / **couchée** / **couchés** plus tôt s'ils avaient vu l'heure.

e La directrice s'est **permis** / **permise** / **permises** de prendre la parole.

f Elle ne s'est pas **rendu** / **rendue** / **rendus** compte des difficultés.

g Elle s'était **blessé** / **blessée** / **blessées** en jouant avec ses amies.

h Ils se sont **écrit** / **écrite** / **écrits** des texto.

✓ Astuce

The reflexive pronouns *me (m'), te (t'), se (s'), nous, vous* and *se (s')* can be direct or indirect object pronouns. If the reflexive pronoun functions as the **direct** object of the verb, the past participle agrees with the subject: *elle s'est lavée* (she washed **herself**).

If the reflexive pronoun functions as an **indirect** object pronoun, however, there is no agreement: *elle s'est lavé les mains* (she washed her hands).

Grammaire

A relative pronoun links two parts of a sentence together when referring back to something already mentioned.

Qui replaces the subject of a sentence.

*C'est une maison **qui** se trouve au bord du fleuve.*
It's a house which is situated by the river.

Que (or *qu'*) replaces the object of a sentence.

*J'ai perdu le livre **qu'**il m'a offert.*
I've lost the book which he gave me.

Dont means 'whose', 'of which', 'of whom'.

*C'est le film **dont** tout le monde parle.*
It's the film which everyone is talking about.

Où means 'where'.

*C'est l'endroit **où** nous nous sommes rencontrés.*
It's the place where we met.

Où can also mean 'when' with expressions of time: *le jour où nous nous sommes rencontrés* (the day when we met).

1 Choisissez le bon pronom relatif pour chaque phrase: qui, que ou dont.

a Il a mangé la tarte. La tarte était délicieuse. _____

b Il y a un nouvel élève. Je ne connais pas le nouvel élève. _____

c C'est la fille aux cheveux blonds. Elle parle de la fille aux cheveux blonds. _____

d C'est l'un de ses fils. Il est fier de ce fils. _____

e Il admire la politicienne. La politicienne vient de prononcer un discours. _____

f La presse critique les films. Les films montrent trop de violence. _____

g Il habite un appartement. Je trouve l'appartement bruyant. _____

h J'ai oublié l'argent. Je vous dois l'argent. _____

2 Reliez le début et la fin des phrases.

a C'est la fille…
b C'est la salle…
c Léa a posé la question…
d J'aime la boutique…
e Il a écrit les contes…
f J'ai vu les peintures…
g Je ne comprends pas…

i …près de laquelle il habite.
ii …à laquelle il a répondu.
iii …auxquels je pense.
iv …à qui je pense.
v …auxquelles il pense.
vi …dans laquelle j'ai mis la chaise.
vii …de quoi vous me parlez.

3 Soulignez le bon pronom relatif pour compléter les phrases.

a Il fait exactement **ce qui / ce que / ce dont** lui plaît.

b Il se moque de **ce qui / ce que / ce dont** les autres pensent de lui.

c Elle se calme et elle pense à l'avenir, **ce qui / ce que / ce dont** elle a besoin.

d Il n'a pas gardé ses promesses, **ce qui / ce que / ce dont** je trouve honteux.

e Il est toujours populaire, **ce qui / ce que / ce dont** m'étonne.

f Tu devrais écouter **ce qui / ce que / ce dont** je te dis.

g Il se conduit d'une façon bizarre, **ce qui / ce que / ce dont** j'ai peur.

h On ne sait jamais **ce qui / ce que / ce dont** va arriver.

Grammaire

When the relative pronoun *qui* refers to a person, it can be used after prepositions: *la personne **à qui** elle a parlé* (the person she spoke to).

The pronoun *où* can also be used after *de*:
***D'où** viens-tu?* Where do you come from?

When you are not talking about a person, the relative pronouns *lequel* (masculine singular), *laquelle* (feminine singular), *lesquels* (masculine plural) and *lesquelles* (feminine plural) should be used after a preposition.

*Où est le stylo **avec lequel** j'ai écrit la lettre?*
Where is the pen with which I wrote the letter?

There are other forms when combined with the prepositions *à* and *de*.

	singulier		pluriel	
	masculin	féminin	masculin	féminin
	lequel	laquelle	lesquels	lesquelles
à + lequel	auquel	à laquelle	auxquels	auxquelles
de + lequel	duquel	de laquelle	desquels	desquelles

Note also the use of *quoi* with prepositions: ***De quoi** parles-tu?* What are you talking about? ***À quoi** pensez-vous?* What are you thinking about?

Astuce

Ce qui means 'what' when it is the subject of the verb: *ce qui m'énerve, c'est son attitude* (what annoys me is his attitude). *Ce que* means 'what' when it is the object of the verb: *ce que je trouve énervant, c'est son attitude* (what I find annoying is his attitude). If the object is preceded by *de* use *ce dont*: *Tu sais ce dont il parle?* (Do you know what he's talking about?)

1 Remplissez les blancs avec le bon adjectif démonstratif.

Biographie de Gustave Flaubert

a _____ écrivain est né à Rouen en 1821. Très jeune, **b** _____ fils de chirurgien se réfugie dans la littérature. Il a fait des études de droit mais il est tombé malade. Il a renoncé à ses études à cause de **c** _____ maladie nerveuse. **d** _____ événements ont mené à une vie solitaire. **e** _____ style de vie a changé après son retour à Paris où il a commencé à écrire *Madame Bovary*. **f** _____ roman a connu un gros succès. En 1869, *L'Éducation sentimentale* ne lui a pas rapporté beaucoup d'argent. **g** _____ soucis financiers ont provoqué une rechute de sa maladie. En 1880, il était en train d'écrire *Bouvard et Pécuchet* mais **h** _____ dernier livre est resté inachevé car il est mort au mois de mai.

2 Complétez les phrases avec le bon pronom.

a Ma passion, c'est la musique mais _____ de ma sœur, c'est la peinture.

b Le talent des acteurs est impressionnant mais _____ du réalisateur est plus limité.

c De tous ses amis, Mathis est _____ qui vient le plus souvent.

d Ses yeux sont beaux mais _____ de son frère sont aussi remarquables.

e C'est une bonne idée mais j'aime mieux _____ de Louise.

f Je trouve que les Français sont _____ qui cuisinent le mieux.

g Les tartes de ma mère sont délicieuses mais _____ de ma tante sont moins bonnes.

h Ces chaussures rouges sont jolies mais je préfère _____ qui coûtent moins cher.

3 Reliez le début et la fin des phrases. Ensuite, traduisez les phrases complètes en anglais.

a Ce tableau est célèbre…
b Louis? Je pense que…
c Regarde ces romans…
d J'aime mieux cette fille…
e Il avait mal à la tête…
f Quelles photos?…
g Cette jupe-ci est plus…
h Les plus beaux fruits…

i …c'est celui-là au fond.
ii …que celle-là.
iii …cet après-midi-là.
iv …mais celui-là est moins connu.
v …jolie que celle-là.
vi …celui-ci est de Balzac.
vii …sont ceux-ci.
viii …Celles-ci avec le cadre noir.

a _____
b _____
c _____
d _____
e _____
f _____
g _____
h _____

🔲 Grammaire

Demonstrative adjectives

Demonstrative adjectives ('this', 'that', 'these', 'those') are used in front of a noun. They agree in gender and number with the noun: *ce livre est intéressant* (this / that book is interesting – masculine singular), *j'aime **cette** chanson* (I like this / that song – feminine singular), ***ces** films sont ennuyeux* (these / those films are boring – plural, both masculine and feminine).

Cet is used in front of a masculine noun that begins with a vowel or silent *h*: ***cet** homme est sympa* (this / that man is nice).

🔲 Grammaire

Demonstrative pronouns

Celui and *celle* can both mean 'this one' or 'that one', while *ceux* and *celles* mean 'these' or 'those'.

*De tous les genres de musique, **celui** que j'aime mieux est le rap.* Of all the types of music, the one I prefer is rap.

*De toutes ces fleurs, **celle** qui est dans le vase rose me plaît le plus.* Of all these flowers, I like the one in the pink vase most.

✅ Astuce

By adding *-ci* or *-là*, you can distinguish between 'this one', 'that one' or 'these / those ones': *cette chemise-**là** est moche* (that shirt is ugly), *je préfère ce livre-**ci** à celui-**là*** (I prefer this book to that one).

1 Complétez les phrases avec le bon pronom.

a J'ai économisé mon argent mais Alexis a dépensé

tout _____.

b Je viens de voir ta sœur mais _____ n'est pas encore arrivée.

c Elle déteste sa voiture mais tu as de la chance,

_____ est plus jolie.

d – C'est à qui, les magazines?

– Tu connais Thomas et Emma? Ce sont

_____.

e Nous avons eu nos résultats. Avez-vous eu

_____?

f Je ne trouve pas mon parapluie. Tu peux me prêter

_____?

2 Remplacez les mots soulignés par un pronom possessif.

a Mes amis sont amusants mais pas leurs amis. _____

b Passe-moi ta règle. J'ai perdu ma règle. _____

c Les portables sont interdits. Tu dois éteindre ton portable.

_____

d Ses chansons sont belles mais j'aime mieux vos chansons.

_____

e Elle a goûté les tartes et elle a préféré ma tarte. _____

f Je connais tes parents mais je ne connais pas ses parents.

_____

3 Complétez les traductions des phrases anglaises.

a He bought something. Il a acheté _____.

b Everyone is here. _____ est ici.

c She loves his novels. She has read several of them.

Elle adore ses romans. Elle en a lu _____.

d Someone has stolen my mobile. _____ a volé mon portable.

e Do you have any ideas because I have a few.

Tu as des idées parce que moi, j'en ai _____.

f One never knows! _____ ne sait jamais!

🅵 Grammaire

When saying which objects belong to which person, **possessive pronouns** are used to avoid repeating the name of the object (the noun). Possessive pronouns agree with the objects they're describing and not the person they belong to.

C'est à qui, ce sac? Whose bag is this?

*C'est **le sien**.* It's **his / hers**.

*Tu aimes sa maison, mais que penses-tu de **la mienne**?*
You like his / her house but what do you think of **mine**?

	singulier		pluriel	
	masculin	féminin	masculin	féminin
mine	le mien	la mienne	les miens	les miennes
yours	le tien	la tienne	les tiens	les tiennes
his/hers/its	le sien	la sienne	les siens	les siennes
ours	le nôtre	la nôtre	les nôtres	les nôtres
yours	le vôtre	la vôtre	les vôtres	les vôtres
theirs	le leur	la leur	les leurs	les leurs

🅵 Grammaire

Indefinite adjectives describe a noun in a general, non-specific manner: *quelques employés font grève* (a few employees are on strike), *certaines personnes ne sont pas d'accord* (some people do not agree). They come in front of the noun and agree with it, except *chaque* (each, every), which is always singular.

The main indefinite adjectives are *autre, certain, chaque, plusieurs, quelque, tout*.

Indefinite pronouns are non-specific and are used in place of nouns. They can be the subject of a sentence, the object of a verb, or used after a preposition: *tout est bien* (all is well), *merci pour les chocolats, je vais les goûter* *tous* (thanks for the chocolates, I'm going to try them all), *j'ai vu* *quelqu'un* *dans le jardin* (I saw someone in the garden).

anglais	français
another	un(e) autre
others	d'autres
some, certain (ones)	certain(e)s
one	on
each one	chacun(e)
several	plusieurs
someone	quelqu'un
some, a few	quelques-un(e)s
everything	tout
everyone	tout le monde
something	quelque chose
nothing	rien

1 Remplissez les blancs avec le bon verbe de la case.

> aboyait appelaient attendait allions semblaient
> faisaient faisait rentrais

a Elle jouait avec son frère pendant que leurs parents _____ les courses.

b Nous _____ à la mer tous les jours avec le club de natation.

c Je _____ chaque jour à pied.

d Il _____ très froid quand il travaillait dans le jardin.

e Il _____ son arrivée avec impatience.

f Les jardins _____ encore plus beaux qu'autrefois.

g Ils _____ toutes les cinq minutes.

h Mon chien _____ toute la nuit.

2 Reliez le début et la fin des phrases.

a Elle descendait la rue…   **i** …quand tu m'as téléphoné.

b Je prenais un bain…   **ii** …quand il est tombé sur le nez.

c Il vendait de la drogue…   **iii** …quand mes parents ont divorcé.

d Je n'avais que six ans…   **iv** …quand elle m'a remarqué.

e Il faisait du ski…   **v** …quand la police l'a arrêté.

f Elle jouait au foot…   **vi** …qu'il a trouvé nul.

g Comme il était malade…   **vii** …quand elle est tombée dans la boue.

h Il venait de voir un film…   **viii** …il a décidé de rester chez lui.

3 Complétez les phrases avec les verbes entre parenthèses au bon temps: passé composé ou imparfait.

a Je _____ (*chanter*) quand soudain un ami
_____ (*se moquer*) de moi.

b Il _____ (*partir*) pendant que je
_____ (*dormir*).

c Nous _____ (*aller*) la voir trois fois à l'hôpital, mais elle
_____ (*être*) toujours fatiguée.

d Le soleil _____ (*se coucher*) quand le téléphone
_____ (*sonner*).

e Elle _____ (*répondre*) qu'elle _____
(*rêver*) d'y aller un jour.

f Je _____ (*vouloir*) lui dire au revoir mais il
_____ (*s'en aller*) trop vite.

g Tous les jours elle _____ (*se lever*) à la même heure et elle
ne _____ (*prendre*) jamais de petit déjeuner.

h Il _____ (*prendre*) le bus pour rejoindre ses copains qui
l'_____ (*attendre*) au café.

4 Sur une feuille de papier, écrivez <u>cinq</u> phrases qui contiennent un verbe au passé composé <u>et</u> un verbe à l'imparfait.

✅ **Astuce**

The imperfect tense is used to describe things that used to happen regularly in the past or what something was like. The imperfect tense and the perfect tense are often used in the same sentence.

The imperfect describes what was going on but the perfect tense expresses what interrupted the action.

Je faisais mes devoirs ***quand tu m'as appelé***.
I was doing my homework when you called me.

Use the perfect to talk or write about something which took place in the past and is completed or limited by time.

Hier, je suis allée le voir.
Yesterday I went to see him.

Note how the perfect tense expresses sudden action.

Je lui ai dit que j'avais peur des araignées.
I told him I was afraid of spiders.
Quand j'ai vu l'araignée, j'ai eu peur.
When I saw the spider I was scared.

1 Mettez les verbes entre parenthèses au futur antérieur.

a Demain, à cette heure, il _____ (arriver) en Espagne.

b Elle ne sera plus là. Elle _____ (partir).

c Il est si distrait. Il _____ (jeter) le magazine dans la poubelle.

d Vous _____ (se coucher) quand les enfants reviendront.

e Elle comprendra l'exercice quand elle _____ (parler) à son prof.

f Dès que tu _____ (acheter) la voiture, tu m'emmèneras au bord de la mer.

g Le journaliste _____ (finir) l'article avant la fin de la journée.

h Elles _____ (rentrer) de France avant le weekend.

2 Remplissez les blancs avec le bon participe passé de la case.

> accepté accepté arrêté arrêtés arrivé arrivés dû fini finies pu revenu revenue

a Elle serait _____ hier, mais il n'y avait pas de vol.

b S'il avait su, il serait _____ plus tôt.

c Si tu lui avais donné l'invitation, Anaïs l'aurait _____.

d Si on avait insisté, ils se seraient _____.

e Avec plus de temps, elles auraient _____ le travail.

f Si tu avais terminé plus tôt, tu aurais _____ venir. Quel dommage!

g S'ils avaient trouvé le bon chemin, ils seraient _____ à l'heure.

h Je lui ai dit qu'elle aurait _____ m'écouter.

✅ Astuce

The **future perfect** is used when something is likely to have happened: *il n'est pas venu, il aura oublié* (he didn't come, he will have forgotten). The **conditional perfect**, however, is used when something has not happened or is impossible: *il serait parti en vacances mais il n'avait pas d'argent* (he would have gone on holiday but he didn't have any money).

3 Complétez ces phrases avec la bonne forme du verbe: futur antérieur ou conditionnel passé.

a Elle _____ (trouver) ses lunettes si elle les avait cherchées.

b Elles _____ (chanter) pour vous si vous le leur aviez demandé.

c Quand il _____ (écrire) le roman, il pourra se reposer.

d Dès que tu _____ (partir) pour l'école, je rangerai ta chambre.

e Heureusement, le match a été annulé car mon équipe _____ (perdre).

f En allant sur le balcon, tu _____ (pouvoir) voir le coucher du soleil.

g Demain, à cette heure, nous _____ (arriver) à Paris.

h On ne le verra pas parce qu'il _____ (se coucher) avant notre arrivée.

4 Sur une feuille de papier, écrivez <u>cinq</u> phrases qui contiennent un verbe au futur antérieur <u>et</u> un verbe au conditionnel passé.

🔑 Grammaire

The **future perfect** is used to express a future action that will have taken place before another future action.

*Elle **aura mangé** avant mon arrivée.*
She will have eaten before I arrive.

*Ils **seront partis** quand vous reviendrez.*
They will have gone when you come back.

It is often used after *quand* (when), *après que* (after), *aussitôt* and *dès que* (as soon as), when the verb in the main clause is in the future or future perfect.

Dès que j'aurai mangé, je partirai
As soon as I have eaten, I will set off.

Use the future tense of *avoir* or *être* and the past participle, which agrees in the same way as the perfect tense.

🔑 Grammaire

The **conditional perfect** is used for an action that would have taken place if something else had not interfered with it. It is formed using the conditional of *avoir* or *être* and the past participle, which agrees in the same way as the perfect tense.

*Elle **aurait refusé** s'il lui avait expliqué le problème.* She would have refused if he had explained the problem to her.

*Il **se serait douché** mais l'eau était froide.* He would have had a shower but the water was cold.

It is often used after *si* (when) and the pluperfect tense.

*S'il avait obtenu l'argent, il **aurait acheté** l'ordinateur.* If he had got the money, he would have bought the computer.

1 Complétez le tableau. Utilisez un dictionnaire si nécessaire.

anglais	français
to rain	
	s'agir de
to be necessary	
to snow	
	suffire
	valoir (mieux)
to seem	
to be important	

2 Complétez les phrases avec un infinitif qui convient.

Exemple: Il s'agit de _faire_ ce qu'on peut.

a Il faut _____ le problème.

b Il vaut mieux _____ plutôt que de rester.

c Il suffit de _____ les instructions.

d Il est important de _____ la question.

e Il s'agit de _____ une société juste et démocratique.

3 Complétez les phrases avec un verbe impersonnel qui convient.

a Quel mauvais temps! Il ne cesse de _____.

b Ce n'est pas la peine. Il _____ mieux partir.

c Il _____ lutter contre la tyrannie.

d Les stations de ski se réjouissent car il _____ depuis quinze jours.

e Soyez gentille. Il _____ tout pardonner.

f Il _____ de lire le journal pour savoir ce qui se passe.

4 Complétez les phrases avec un infinitif qui convient. Ensuite, traduisez les phrases complètes en anglais.

a Il a fait _____ son vélo.
_____

b On a fait _____ les murs du salon.
_____

c Louis XIV a fait _____ le palais de Versailles.
_____

d Le patron lui a fait _____ une voiture.
_____

e Je vais chez le coiffeur. Je vais me faire _____ les cheveux.
_____

Grammaire

Impersonal verbs are only ever used in the *il* form (third person singular). They make general statements and are not related to a specific person.

Il faut manger pour vivre.
You have to eat to live.
Il fait du vent.
It's windy.

Grammaire

Note that the impersonal verbs *valoir* and *falloir* are followed by an infinitive.

***Il vaut mieux** le **faire** soi-même.*
It's better to do / doing it oneself.
***Il faut** y **aller**.*
You must go there.

After *valoir* and *falloir* the subjunctive can be used after *que*.

***Il vaut mieux** que tu me le **dises**.*
You're better off telling me.

Other impersonal verbs are followed by *de* + infinitive.

***Il suffit de** me le **dire**.*
You just have to tell me.

Astuce

Faire can be used before infinitives to indicate that the subject **has something done** by someone else as opposed to doing it themselves.

***J'ai fait laver** ma voiture.*
I've had my car washed.

This is known as a dependent infinitive.

⭐ **1** Écrivez les mots dans le bon ordre pour faire des phrases complètes.

a un jour pourras-tu pardonner peut-être lui

_____

b doute arriveras-tu retard sans en

_____

c a-t-elle aussi de décidé l'accompagner

_____

d le chômage toujours que cause est-il problèmes d'énormes

_____

_____

e à peine a commencé travailler est-elle qu'elle arrivée à

_____

_____

> **⌨ Grammaire**
>
> Some adverbs used at the start of a sentence result in the inversion of the subject and the verb.
>
> *Peut-être **a-t-il** oublié.*
> Perhaps he has forgotten.
>
> *Sans doute **avez-vous** soif.*
> You are probably thirsty.
>
> This inversion can be avoided by using *que: peut-être qu'il a oublié, sans doute que vous avez soif.*
>
> Other adverbs which cause inversion are *à peine* (scarcely), *aussi* (thus), *du moins* (at least) and *toujours* (nevertheless).

2 Réécrivez les phrases en inversant le sujet et le verbe après le discours direct.

Exemple: Il m'a dit: « La manifestation n'aura pas lieu. »
  « *La manifestation n'aura pas lieu* », *m'a-t-il dit.*

a Ils ajoutent: « C'est une bonne idée. »

_____

b Le patron nous a expliqué: « Il n'y aura pas de licenciements. »

_____

c Nous avons demandé: « Que voulez-vous? »

_____

d Elle a dit: « Tu travailles trop. »

_____

e Ils ont pensé: « Le chômage va augmenter. »

_____

f Il criait: « Au secours! »

_____

> **✅ Astuce**
>
> Verbs such as *dire, demander, penser* and *expliquer* are often used in direct speech.
>
> ***Il a dit**: « Nous partirons à trois heures. »*
> He said: "We will go at three o'clock."
>
> When these verbs are used at the end of the piece of direct speech, the subject and verb have to be inverted.
>
> *« Nous partirons à trois heures »,*
> ***a-t-il dit**.*

3 Mettez les phrases au discours direct et inversez le sujet et le verbe à la fin de la phrase.

Exemple: Pierre dit qu'ils rentrent vers dix heures.
  « *Ils rentrent vers dix heures* », *dit Pierre.*

a Elle a expliqué qu'il fallait toujours faire attention.

_____

b Le Président déclare qu'il vaut mieux accepter les conditions.

_____

c Il confirme que la grève aura lieu mardi.

_____

d Mon frère m'a dit que les taux d'intérêt étaient en baisse.

_____

e Le professeur a pensé que ses élèves étaient paresseux.

_____

1 Mettez les phrases à la voix passive.

a Flaubert a écrit ce roman.

_____

b Les Romains ont construit le monument.

_____

c L'inondation a détruit le village.

_____

d Le maçon finira le travail.

_____

e Les enfants vendent les gâteaux.

_____

f Le chef avait préparé le repas.

_____

g On parle français ici.

_____

h Le boulanger ouvrira le magasin à huit heures.

_____

2 Complétez l'histoire en mettant les verbes à l'imparfait ou au passé composé.

Laura et sa sœur **a** _____ (se lever) très tôt ce jour-là pour faire de la natation.

Elles **b** _____ (descendre) la rue en courant quand elles **c** _____ (remarquer) un petit chien.

Il **d** _____ (être) noir et blanc et il **e** _____ (avoir) un collier rouge.

Les deux filles **f** _____ (reconnaître) le chien, qui **g** _____ (appartenir) à leur voisine.

Elles **h** _____ (appeler) la voisine, qui **i** _____ (s'inquiéter) de son chien.

Elle **j** _____ (dire) aux filles que le chien **k** _____ (sortir) tous les soirs à neuf heures.

Normalement, le chien **l** _____ (rentrer) tout de suite. Mais cette fois il **m** _____ (disparaître).

Naturellement, la voisine **n** _____ (remercier) les filles et elle leur **o** _____ (offrir) une récompense.

Laura et sa sœur **p** _____ (se sentir) très heureuses.

3 Soulignez la bonne forme du verbe pour compléter les phrases.

a S'il n'avait rien dit, elle **sera venu** / **serais venu** / **serait venu** / **serait venue**.

b Dès que tu **aura lu** / **auras lu** / **aurait lu** / **aurais lu** cet article, passe-moi le magazine.

c À ta place, j'**aurai réagi** / **auras réagi** / **aurais réagi** / **aurait réagi** autrement!

d Vous **aurez fait** / **aurez faite** / **auriez fait** / **auriez faite** comment à ma place?

e Je suis certaine qu'elle **aura parlé** / **aura parlée** / **aurait parlé** / **aurait parlée** si on avait insisté.

f Une fois qu'il **aura rangé** / **aura rangée** / **aurait rangé** / **aurait rangée** sa chambre, il pourra la nettoyer.

g Quand elle **aura pris** / **aura prise** / **aurait pris** / **aurait prise** sa douche, elle s'habillera.

h Si elles avaient eu plus de temps, elles **se seront détendus** / **se seront détendues** / **se seraient détendus** / **se seraient détendues**.

4 Remplacez les mots soulignés par le bon pronom: <u>le</u>, <u>la</u>, <u>les</u>, <u>lui</u>, <u>leur</u>, <u>y</u> ou <u>en</u>. Ensuite, réécrivez la phrase.

a Il n'obéit jamais <u>à cette règle</u>.

_____

b Elles sont allées <u>à l'aéroport</u>.

_____

c Il a acheté trop <u>de livres</u>.

_____

d Elle a mis <u>les pommes</u> dans son panier.

_____

e Il parle <u>de son voyage</u> <u>à ses parents</u>.

_____

f Il prend deux <u>chocolats</u> <u>aux enfants</u>.

_____

g Tu as donné <u>la montre</u> <u>à Claire</u>?

_____

h Il a beaucoup <u>de bonbons</u> <u>dans sa poche</u>.

_____

5 Complétez les phrases avec le bon pronom démonstratif.

Exemple: Ce roman-ci est intéressant, mais j'aime mieux *celui-là*.

a Ces photos-ci sont meilleures que _____.

b Ces fruits-là sont plus frais que _____.

c Ces chemises-ci sont plus jolies que _____.

d Ce n'est pas mon chien. C'est _____ de mon frère.

e La voiture de Mickaël est noire mais _____ de Maelys est rouge.

f Cette peinture-ci est plus vieille que _____.

g Je préfère les romans de Balzac à _____ de Flaubert.

h Les pièces de Molière sont plus amusantes que _____ de Racine.

6 Soulignez la bonne forme du verbe pour compléter les phrases.

a Elle est contente que ses copines **sont venus** / **sont venues** / **soient venus** / **soient venues**.

b J'espère que tu **as fini** / **as finie** / **aies fini** / **aies finie** tes devoirs.

c Elle doute qu'il **peut rester** / **puisse rester**.

d Il fallait qu'elle **l'a fait** / **l'ait faite** / **le fit** / **le fasse**.

e Je suis certaine qu'elle **a réussie** / **a réussi** / **ait réussi** / **ait réussie**.

f Il a peur que tu **mets** / **te mets** / **mettes** / **te mettes** en colère.

g Je ne crois pas qu'elle **est arrivé** / **soit arrivé** / **est arrivée** / **soit arrivée**.

h C'est le seul livre qu'il **comprend** / **comprenne**.

7 Remplissez les blancs avec le bon pronom relatif de la case.

> auquel   auxquelles   dont   lequel   laquelle   lesquelles

a Le bâtiment dans _____ il travaille a été rénové.

b C'est le restaurant devant _____ elle l'attendait.

c Tu connais bien la fille _____ la mère est médecin.

d Le concert _____ il a assisté a été formidable.

e Je ne comprends pas les raisons pour _____ il a fait cela.

f Le film _____ il parle est intéressant.

g Voilà la maison dans _____ habitait Rodin.

h Voici les difficultés _____ je pense.

> **✓ Astuce**
>
> The pronouns *lequel, laquelle, lesquels* and *lesquelles* are often used after prepositions: *la maison derrière laquelle il y a un lac* (the house behind which there is a lake).
>
> When followed by *à* and *de*, remember to use *auquel, auxquels / auxquelles* and *duquel, desquels / desquelles*.

8 Reliez les phrases en remplaçant les mots soulignés par qui, que ou dont. Ensuite, réécrivez la phrase.

a Il aime regarder les avions. Les avions partent à l'autre bout du monde.
_____

b Comment trouves-tu cette jupe? J'ai acheté la jupe hier.
_____

c C'est un nouveau roman. On parle souvent de ce roman.
_____

d Nous avons vu le film. Le film se passe au Maroc.
_____

e J'ai perdu le truc. Je me sers du truc pour éplucher des légumes.
_____

f Je viens de voir un film. J'ai trouvé le film impressionnant.
_____

g Je respecte beaucoup cette fille. La fille est très intelligente.
_____

h Elle connaît la femme. Mon oncle a épousé la femme.
_____

> **✓ Astuce**
>
> Remember that if *qui* stands for something feminine and / or plural, the past participle with *être* verbs has to agree.
>
> *Je connais **les filles qui** sont arrivées.* I know the girls who have arrived.
>
> If ***que / qu'*** stands for something feminine and / or plural and is followed by a verb that takes *avoir*, the past participle also needs to agree.
>
> *Je connais **les filles qu'**il a vues en ville.* I know the girls he saw in town.
>
> The past participle after ***dont*** never agrees.
>
> *Je connais les filles dont elle a parlé.* I know the girls she talked about.

*9 Écrivez cinq phrases en français en utilisant cinq pronoms relatifs différents avec cinq prépositions différentes.

_____
_____
_____
_____
_____
_____
_____
_____
_____
_____

10 Dans ces phrases, soulignez le verbe au subjonctif imparfait.

a Existait-il dans la salle un seul spectateur qui osât monter sur scène?

b On craignait que la guerre, si elle éclatait, n'entraînât des conséquences désastreuses.

c Le hasard voulait que ce dimanche-là, un petit paquet arrivât à sa porte.

d L'ennemi ne voulait pas de victoires qui coûtassent trop de sang.

e Je voulais bien que vous fussiez heureux malgré les problèmes que vous aviez.

f Il fallait absolument qu'il vînt le lendemain pour nous donner les renseignements nécessaires.

11 Complétez les phrases avec <u>ce qui</u> ou <u>ce que</u> / <u>ce qu'</u>.

a Elle ne comprend pas _____ il lui a dit.

b On ne sait pas encore _____ va arriver.

c Il est possible de dire que tout _____ elle fait est bon.

d Tout _____ brille n'est pas or.

e Tu comprends _____ s'est passé?

f Elle a réussi, _____ je trouve difficile à accepter.

12 Soulignez le bon pronom possessif pour compléter les phrases.

a Tu as tes idées et moi j'ai **les miens** / **les tiens** / **les miennes** / **les tiennes**.

b J'ai mes billets pour le concert. J'espère que ma sœur a **les siens** / **les siennes** / **les leurs** / **les miens**.

c Mon portable n'a plus de batterie. Je peux emprunter **le mien** / **la mienne** / **le tien** / **la tienne**?

d Mes amis connaissent mes goûts et moi je connais **les miens** / **les siens** / **les leurs**.

e Voici ma carte d'identité. Avez-vous **le vôtre** / **la vôtre** / **les vôtres**?

f Elle aime passer Noël en famille, avec **les miens** / **les tiens** / **les siens**.

> ☑ **Astuce**
>
> In spoken French, an emphatic pronoun (*à moi, à toi,* etc.) can often be used rather than the possessive pronoun: *cette écharpe est à moi* (that scarf is mine), *la voiture est à elle* (the car is hers).

13 Traduisez ces phrases en utilisant le bon pronom ou adjectif indéfini.

a Some like milk, others hate it. _____

b Someone phoned. _____

c She bought a few presents. _____

d I go swimming every morning. _____

e She found several errors. _____

f Everything is going well. _____

g He has two children. Each one receives 30,000 euros. _____

h Do you have any pens because I have a few. _____

1 Écrivez l'équivalent en anglais de chaque expression française.

français	anglais
l'asile	
un centre d'accueil	
un clandestin	
contrôler	
croître	
les démunis	
un détenu	
se durcir	
au fil de	
fournir	
le Maghreb	
un maghrébin / une maghrébine	
le marché du travail	
le marché noir	
les marginalisés	
la pauvreté	
réagir	
la rémunération	
restreindre	
les sans-abris	
les sans-papiers	
tenir à	
vieillir	

> ☑ **Astuce**
>
> *Celui-ci, celle-ci, ceux-ci* and *celles-ci* can be used to express the English expression 'the latter'.
>
> *J'ai lu le roman et puis j'ai vu le film. Celui-ci est plus intéressant.* I read the novel then I saw the film. The latter is more interesting (i.e. the film).
>
> *Celui-là, celle-là, ceux-là* and *celles-là* can be used to express 'the former'.
>
> *J'aime les romans et les films mais je préfère ceux-là.* I like novels and films but I prefer the former (i.e. novels).

2 Traduisez les phrases (a–j) en anglais.

a Une personne qui a un nom maghrébin a cinq fois moins de chances qu'une personne au nom français d'obtenir un emploi.

_____

b Si les CV anonymes avaient été introduits, plus d'emplois auraient été obtenus par des jeunes immigrés.

_____

c Ce qui est important, c'est l'introduction de mesures pour combattre ce problème dont on ne parle pas souvent dans les médias.

_____

d Cependant, il y a un grand nombre d'emplois pour lesquels les entreprises n'arrivent pas à trouver assez de travailleurs.

_____

e Avant la fin du mois, la police aura contrôlé les identités de centaines de jeunes afin de trouver des sans-papiers.

_____

f Ceux qui ne peuvent pas présenter leurs documents seront arrêtés et sans doute expulsés.

_____

g La situation économique des pays du Maghreb n'est malheureusement pas souvent meilleure que celle de la France.

_____

h Les clandestins sont souvent trahis par leurs patrons quand ceux-ci n'ont plus besoin d'eux.

_____

i Fatima, une jeune réfugiée, dormait dans la rue en attendant le bon moment pour trouver un travail au marché noir.

_____

j Des enfants, comme Fatima, préfèrent ces conditions difficiles plutôt que de vivre dans un centre d'accueil surpeuplé.

_____

> ✅ **Astuce**
>
> In French, 'in a … manner' is *d'une manière* … or *d'une façon* …: *il m'a parlé d'une façon insolente* (he spoke to me in an insolent manner). So the correct way to say 'the way in which' is *la façon **dont**: je n'aime pas la manière / façon **dont** tu te comportes* (I don't like the way in which you are behaving).

3 Traduisez ce passage en anglais.

Pour ceux qui veulent fournir de l'aide à une personne sans abri, voici quelques petites choses que vous pouvez faire vous-même, des gestes simples pour leur venir en aide. Tout d'abord, le plus dur quand on est à la rue, c'est la façon dont les gens réagissent. Un sourire, un bonjour, deux minutes de conversation… c'est si facile et tellement mieux que de passer à côté en regardant son écran de téléphone.

_____

_____

_____

_____

_____

_____

_____

4 Traduisez ce passage en anglais.

L'immigration est utile en Europe. Les économistes sont de grands défenseurs de l'arrivée de migrants sur le marché du travail. Les bienfaits sont confirmés par toutes les enquêtes. Dans l'Europe, certains pays voient leur population vieillir mais une économie a besoin d'un marché du travail actif pour croître. Depuis toujours, l'Europe a été une terre d'asile. Mais le climat s'est durci au fil des années. Aujourd'hui, les sondages sont clairs: les populations européennes veulent restreindre ce flux. Soixante-quinze pour cent des Français le souhaitent.

_____

_____

_____

_____

_____

_____

_____

> ✅ **Astuce**
>
> The verb ***tenir*** means 'to hold' or 'keep'. The expression ***tenir à*** means 'to care for' / 'value something' or 'to want to / insist on': *je tiens à son opinion* (I value his opinion), *nous tenons à vous remercier* (we want / would like to thank you). Note the use of the subjunctive: *elle tient à ce que tu **sois** content* (she's eager for you to be happy).

5 Traduisez ce passage en anglais.

Au Sénégal, les enfants privés d'une éducation de qualité courent davantage le risque d'être pauvres. Si les parents d'enfants marginalisés avaient eu accès à une éducation de qualité ils auraient peut-être évité une vie d'exclusion et ils auraient participé plus activement à la société. De l'éducation naîtra la possibilité d'un emploi décent et d'une rémunération suffisante. Ce sont les raisons pour lesquelles les associations africaines qui aident les enfants les plus démunis considèrent comme cruciale l'éducation pour tous ceux qui sont vulnérables et marginalisés. Dans trente ans, selon certains experts, on aura éradiqué la pauvreté.

_____

_____

_____

_____

_____

_____

1 Écrivez l'équivalent en français de chaque expression anglaise.

anglais	français
to apologise	
to be ashamed	
an author	
clean	
to commit a crime	
corrupt	
to elect	
elected	
to enrich	
an exchange	
former, ex-	
hostility	
human rights	
to hurt	
life expectancy	
to profit from	
to prosper	
to provide	
to support	
values	
Western aid	
widespread	

> ✅ **Astuce**
>
> There are a number of expressions which take *avoir* in French whereas in English we use the verb 'to be': *nous avons de la chance* (we are lucky), *as-tu chaud?* (are you hot?).
>
> Other expressions are: *avoir froid* (to be cold), *avoir peur* (to be afraid), *avoir soif* (to be thirsty), *avoir faim* (to be hungry), *avoir raison* (to be right), *avoir tort* (to be wrong), *avoir honte* (to be ashamed).

> ✅ **Astuce**
>
> Remember that the adjective *tout* (meaning 'all') has feminine and plural forms. The feminine singular is *toute*, the masculine plural is *tous* and the feminine plural is *toutes*. Which form you use depends on the noun it accompanies: *tous mes devoirs* (all my homework), *toute sa vie* (all his / her life).

2 Traduisez les phrases (a–e) en français.

a Last year, he told me that it was the best book he had read.

_____

_____

b Measures will be taken as soon as the government has been elected.

_____

_____

c Balzac is the author of many novels. He wrote ninety-one of them. Which one do you prefer?

_____

_____

d When she arrived in France last year, she was ashamed because she could not find any accommodation.

_____

_____

e All those who claim that the poor bear the responsibility for their own lives are wrong.

_____

_____

✓ **Astuce**

There are some French verbs which are followed by the preposition *à*, where there is no preposition used in English: *tu veux goûter **aux** produits de la région?* (do you want to taste regional products?).

3 Traduisez ce passage en français.

Immigration leads to an exchange of cultural values. It is also an opportunity to share the points of view of others. Hostility to immigrants is an illness which all rich countries should resist if they want to continue to prosper. Immigration is a way of enriching our culture. It is a source of innovation and dynamism. We should celebrate our diversity provided that we take part in cultural activities in an equal manner.

_____

_____

_____

_____

_____

✓ **Astuce**

The passive is not used with some verbs, with the pronoun *on* + verb in the indicative being preferable: *on pense que…* (it is thought that), *on dit que…* (it is said that), *ici on parle français* (French is spoken here).

4 Traduisez ce passage en français.

It is said that there are too many people in our prisons. What measures have been taken to combat this problem? A possible solution, which has been effective, is becoming more widespread. Victims often want to meet offenders. They want them to apologise and to explain the reasons for which they committed the crime. A recent study has found that those who have taken part in this initiative are very satisfied.

_____

_____

_____

_____

_____

✓ **Astuce**

Note the use of *de* before figures: *le taux de natalité est **de** 40 pour 1000 habitants* (the birth rate is 40 per 1000 inhabitants), *la population de la France est **d'**environ 66 millions de personnes* (the population of France is about 66 million people).

5 Traduisez ce passage en français.

Togo is one of the poorest countries in the world. Life expectancy is fifty-six years. Poverty causes many problems there: most children will have left school before the age of fourteen so that they can support their families. Currently, thirty per cent of children are affected by the lack of clean water, which leads to serious illnesses. Western aid was stopped due to human rights violations by the former president. Unfortunately, it is the local population who suffer from the absence of foreign aid. If money had been provided directly to those who need it, the aid would have been more effective. The corrupt government would not have profited from the situation in the same way.

_____

_____

_____

_____

_____

Verb tables

		PRESENT	PERFECT	IMPERFECT	FUTURE	CONDITIONAL	SUBJUNCTIVE
REGULAR VERBS							
-er verbs: **jouer** *to play*	je/j'	joue	ai joué	jouais	jouerai	jouerais	joue
	tu	joues	as joué	jouais	joueras	jouerais	joues
	il/elle/on	joue	a joué	jouait	jouera	jouerait	joue
	nous	jouons	avons joué	jouions	jouerons	jouerions	jouions
	vous	jouez	avez joué	jouiez	jouerez	joueriez	jouiez
	ils/elles	jouent	ont joué	jouaient	joueront	joueraient	jouent
-ir verbs: **finir** *to finish*	je/j'	finis	ai fini	finissais	finirai	finirais	finisse
	tu	finis	as fini	finissais	finiras	finirais	finisses
	il/elle/on	finit	a fini	finissait	finira	finirait	finisse
	nous	finissons	avons fini	finissions	finirons	finirions	finissions
	vous	finissez	avez fini	finissiez	finirez	finiriez	finissiez
	ils/elles	finissent	ont fini	finissaient	finiront	finiraient	finissent
-re verbs: **vendre** *to sell*	je/j'	vends	ai vendu	vendais	vendrai	vendrais	vende
	tu	vends	as vendu	vendais	vendras	vendrais	vendes
	il/elle/on	vend	a vendu	vendait	vendra	vendrait	vende
	nous	vendons	avons vendu	vendions	vendrons	vendrions	vendions
	vous	vendez	avez vendu	vendiez	vendrez	vendriez	vendiez
	ils/elles	vendent	ont vendu	vendaient	vendront	vendraient	vendent
reflexive verbs: s'amuser *to enjoy oneself*	je	m'amuse	me suis amusé(e)	m'amusais	m'amuserai	m'amuserais	m'amuse
	tu	t'amuses	t'es amusé(e)	t'amusais	t'amuseras	t'amuserais	t'amuses
	il/elle/on	s'amuse	s'est amusé(e)(s)	s'amusait	s'amusera	s'amuserait	s'amuse
	nous	nous amusons	nous sommes amusé(e)s	nous amusions	nous amuserons	nous amuserions	nous amusions
	vous	vous amusez	vous êtes amusé(e)(s)	vous amusiez	vous amuserez	vous amuseriez	vous amusiez
	ils/elles	s'amusent	se sont amusé(e)s	s'amusaient	s'amuseront	s'amuseraient	s'amusent
IRREGULAR VERBS							
aller *to go*	je/j'	vais	suis allé(e)	allais	irai	irais	aille
	tu	vas	es allé(e)	allais	iras	irais	ailles
	il/elle/on	va	est allé(e)(s)	allait	ira	irait	aille
	nous	allons	sommes allé(e)s	allions	irons	irions	allions
	vous	allez	êtes allé(e)(s)	alliez	irez	iriez	alliez
	ils/elles	vont	sont allé(e)s	allaient	iront	iraient	aillent
avoir *to have*	je/j'	ai	ai eu	avais	aurai	aurais	aie
	tu	as	as eu	avais	auras	aurais	aies
	il/elle/on	a	a eu	avait	aura	aurait	aie
	nous	avons	avons eu	avions	aurons	aurions	ayons
	vous	avez	avez eu	aviez	aurez	auriez	ayez
	ils/elles	ont	ont eu	avaient	auront	auraient	aient
devoir *to have to / must*	je/j'	dois	ai dû	devais	devrai	devrais	doive
	tu	dois	as dû	devais	devras	devrais	doives
	il/elle/on	doit	a dû	devait	devra	devrait	doive
	nous	devons	avons dû	devions	devrons	devrions	devions
	vous	devez	avez dû	deviez	devrez	devriez	deviez
	ils/elles	doivent	ont dû	devaient	devront	devraient	doivent
dire *to say / to tell*	je/j'	dis	ai dit	disais	dirai	dirais	dise
	tu	dis	as dit	disais	diras	dirais	dises
	il/elle/on	dit	a dit	disait	dira	dirait	dise
	nous	disons	avons dit	disions	dirons	dirions	disions
	vous	dites	avez dit	disiez	direz	diriez	disiez
	ils/elles	disent	ont dit	disaient	diront	diraient	disent

		PRESENT	PERFECT	IMPERFECT	FUTURE	CONDITIONAL	SUBJUNCTIVE
être *to be*	je/j'	suis	ai été	étais	serai	serais	sois
	tu	es	as été	étais	seras	serais	sois
	il/elle/on	est	a été	était	sera	serait	soit
	nous	sommes	avons été	étions	serons	serions	soyons
	vous	êtes	avez été	étiez	serez	seriez	soyez
	ils/elles	sont	ont été	étaient	seront	seraient	soient
faire *to do / to make*	je/j'	fais	ai fait	faisais	ferai	ferais	fasse
	tu	fais	as fait	faisais	feras	ferais	fasses
	il/elle/on	fait	a fait	faisait	fera	ferait	fasse
	nous	faisons	avons fait	faisions	ferons	ferions	fassions
	vous	faites	avez fait	faisiez	ferez	feriez	fassiez
	ils/elles	font	ont fait	faisaient	feront	feraient	fassent
mettre *to put*	je/j'	mets	ai mis	mettais	mettrai	mettrais	mette
	tu	mets	as mis	mettais	mettras	mettrais	mettes
	il/elle/on	met	a mis	mettait	mettra	mettrait	mette
	nous	mettons	avons mis	mettions	mettrons	mettrions	mettions
	vous	mettez	avez mis	mettiez	mettrez	mettriez	mettiez
	ils/elles	mettent	ont mis	mettaient	mettront	mettraient	mettent
pouvoir *to be able to / can*	je/j'	peux	ai pu	pouvais	pourrai	pourrais	puisse
	tu	peux	as pu	pouvais	pourras	pourrais	puisses
	il/elle/on	peut	a pu	pouvait	pourra	pourrait	puisse
	nous	pouvons	avons pu	pouvions	pourrons	pourrions	puissions
	vous	pouvez	avez pu	pouviez	pourrez	pourriez	puissiez
	ils/elles	peuvent	ont pu	pouvaient	pourront	pourraient	puissent
prendre *to take*	je/j'	prends	ai pris	prenais	prendrai	prendrais	prenne
	tu	prends	as pris	prenais	prendras	prendrais	prennes
	il/elle/on	prend	a pris	prenait	prendra	prendrait	prenne
	nous	prenons	avons pris	prenions	prendrons	prendrions	prenions
	vous	prenez	avez pris	preniez	prendrez	prendriez	preniez
	ils/elles	prennent	ont pris	prenaient	prendront	prendraient	prennent
sortir *to go out*	je	sors	suis sorti(e)	sortais	sortirai	sortirais	sorte
	tu	sors	es sorti(e)	sortais	sortiras	sortirais	sortes
	il/elle/on	sort	est sorti(e)(s)	sortait	sortira	sortirait	sorte
	nous	sortons	sommes sorti(e)s	sortions	sortirons	sortirions	sortions
	vous	sortez	êtes sorti(e)(s)	sortiez	sortirez	sortiriez	sortiez
	ils/elles	sortent	sont sorti(e)s	sortaient	sortiront	sortiraient	sortent
venir *to come*	je	viens	suis venu(e)	venais	viendrai	viendrais	vienne
	tu	viens	es venu(e)	venais	viendras	viendrais	viennes
	il/elle/on	vient	est venu(e)(s)	venait	viendra	viendrait	vienne
	nous	venons	sommes venu(e)s	venions	viendrons	viendrions	venions
	vous	venez	êtes venu(e)(s)	veniez	viendrez	viendriez	veniez
	ils/elles	viennent	sont venu(e)s	venaient	viendront	viendraient	viennent
vouloir *to want*	je/j'	veux	ai voulu	voulais	voudrai	voudrais	veuille
	tu	veux	as voulu	voulais	voudras	voudrais	veuilles
	il/elle/on	veut	a voulu	voulait	voudra	voudrait	veuille
	nous	voulons	avons voulu	voulions	voudrons	voudrions	voulions
	vous	voulez	avez voulu	vouliez	voudrez	voudriez	vouliez
	ils/elles	veulent	ont voulu	voulaient	voudront	voudraient	veuillent

PAST PARTICIPLES

These are used in forming compound tenses: perfect, pluperfect, future perfect, conditional perfect, perfect infinitive.

-er verbs – **é**	-ir verbs – **i**	-re verbs – **u**
trouver – **trouvé**	finir – **fini**	vendre – **vendu**

IRREGULAR PAST PARTICIPLES

English	infinitive	past participle
to have	avoir	eu
to drink	boire	bu
to know	connaître	connu
to run	courir	couru
to have to / must	devoir	dû
to say / to tell	dire	dit
to write	écrire	écrit
to be	être	été
to do / to make	faire	fait
to read	lire	lu
to put	mettre	mis
to die	mourir	mort*
to be born	naître	né*
to open	ouvrir	ouvert
to be able to / can	pouvoir	pu
to take	prendre	pris
to receive	recevoir	reçu
to know how to	savoir	su
to come	venir	venu*
to live	vivre	vécu
to see	voir	vu
to want	vouloir	voulu

* These form compound tenses with *être*, not *avoir*.

VERBS WHICH USE *ÊTRE* TO FORM THE PERFECT TENSE AND OTHER COMPOUND TENSES

aller	*to go*
arriver	*to arrive*
descendre	*to go down*
devenir	*to become*
entrer	*to enter / to go in*
monter	*to go up*
mourir	*to die*
naître	*to be born*
partir	*to leave*
rentrer	*to go home*
rester	*to stay*
retourner	*to return*
revenir	*to come back*
sortir	*to go out*
tomber	*to fall*
venir	*to come*

Also all reflexive verbs.

FUTURE TENSE ENDINGS

Add these endings to the stem which is the same as the infinitive (for -re verbs remove the final e first).

	endings	regarder	choisir	répondre
je	**-ai**	regarderai	choisirai	répondrai
tu	**-as**	regarderas	choisiras	répondras
il/elle/on	**-a**	regardera	choisira	répondra
nous	**-ons**	regarderons	choisirons	répondrons
vous	**-ez**	regarderez	choisirez	répondrez
ils/elles	**-ont**	regarderont	choisiront	répondront

IRREGULAR VERBS

Some key verbs have an irregular future stem, so you need to learn these. The endings are still regular.

infinitive	future stem	*je* form
aller	ir-	j'irai
avoir	aur-	j'aurai
devoir	devr-	je devrai
envoyer	enverr-	j'enverrai
être	ser-	je serai
faire	fer-	je ferai
pouvoir	pourr-	je pourrai
savoir	saur-	je saurai
venir	viendr-	je viendrai
voir	verr-	je verrai
vouloir	voudr-	je voudrai
falloir	faudr-	il faudra

INFINITIVE CONSTRUCTIONS	
Examples of verbs followed by the infinitive with no preposition between them	
aimer	*to like to*
croire	*to believe*
devoir	*to have to / must*
espérer	*to hope*
faire	*to do / to make*
falloir	*to be necessary*
laisser	*to let*
oser	*to dare*
penser	*to think*
pouvoir	*to be able to / can*
préférer	*to prefer*
savoir	*to know how to*
vouloir	*to want to*
Examples of verbs followed by *à* + infinitive	
aider à	*to help to*
apprendre à	*to learn to*
arriver à	*to manage to*
s'attendre à	*to expect*
chercher à	*to try to*
commencer à	*to begin to*
consentir à	*to consent to*
continuer à	*to continue to*
se décider à	*to make up one's mind to*
encourager à	*to encourage to*
enseigner à	*to teach to*
s'habituer à	*to get used to*
s'intéresser à	*to be interested in*
inviter à	*to invite to*
se mettre à	*to start*
obliger à	*to force to*
parvenir à	*to succeed in*
passer du temps à	*to spend time*
penser à	*to think of*
perdre du temps à	*to waste time*
se préparer à	*to prepare oneself to*
renoncer à	*to give up*
réussir à	*to succeed in*
servir à	*to serve to*

Examples of verbs followed by *de* + infinitive	
accepter de	*to agree to*
accuser de	*to accuse (someone of)*
s'agir de	*to be a question of / to be about*
s'arrêter de	*to stop*
avoir envie de	*to feel like*
avoir peur de	*to be afraid of*
cesser de	*to stop*
choisir de	*to choose to*
conseiller de	*to advise to*
craindre de	*to fear to*
défendre de	*to forbid to*
demander de	*to ask (someone) to*
décider de	*to decide to*
essayer de	*to try to*
éviter de	*to avoid*
s'excuser de	*to apologise for*
finir de	*to finish*
se hâter de	*to hurry to*
manquer de	*to fail to*
mériter de	*to deserve to*
offrir de	*to offer to*
oublier de	*to forget to*
se permettre de	*to allow (oneself) to*
prier de	*to beg to*
promettre de	*to promise to*
proposer de	*to suggest*
refuser de	*to refuse to*
regretter de	*to regret*
rêver de	*to dream of*
se soucier de	*to care about*
se souvenir de	*to remember to*
venir de	*to have just*

Transition

Nouns and gender (page 5)

1

a canard, **b** orange, **c** tortue, **d** coqs, **e** acteur, **f** actrice, **g** Canada, **h** Écosse

2

a v, **b** vi, **c** viii, **d** vii, **e** ii, **f** i, **g** iv, **h** iii

3

a Les petits oiseaux chantent.
b Les chats sont sur la table.
c Les enfants écrivent une lettre.
d Les frères mangent du gâteau.
e Les souris mangent du fromage.
f Les feux sont rouges.
g Les chevaux sont gris.
h Les filles sont amoureuses.

Adjectives (1) (page 6)

1

B	E	A	U	K	D	J	G
O	J	S	P	G	M	E	R
N	O	U	V	E	A	U	A
P	L	T	I	N	U	N	N
E	I	R	E	T	V	E	D
T	E	Z	U	I	A	X	E
I	V	Q	X	L	I	Q	M
T	X	G	R	O	S	S	E

Feminine adjectives: grosse, grande, jolie,
Masculine and feminine: jeune

2

a petite, **b** bleues, **c** mauvais, **d** intéressants, **e** grandes, **f** nuls, **g** préférée, **h** stricts

3

feminine singular	masculine singular
première	premier
moyenne	moyen
sportive	sportif
heureuse	heureux
traditionnelle	traditionnel
complète	complet
blanche	blanc
sèche	sec
gentille	gentil

Rules:
Adjectives ending in -*er* and -*et* in the masculine form need a grave accent over the *e* in the feminine.
Adjectives in -*en* change to -*enne*.
Adjectives ending in -*f* change to -*ve*.
Adjectives ending in -*x* change to -*se*.
Sec, *blanc* and *gentil* are irregular.

4

a grande, **b** noir, **c** mauvaises, **d** ennuyeux, **e** gentilles

The present tense (1) (page 7)

1

a Le bus arrive, Le bus ralentit, Le bus attend devant la gare.
b Nous achetons, Nous choisissons, Nous vendons une nouvelle voiture.
c Les spectateurs écoutent, Les spectateurs applaudissent, Les spectateurs entendent le chanteur.
d Les professeurs corrigent, Les professeurs remplissent, Les professeurs rendent les formulaires.
e Je monte dans, Je rougis dans, Je descends de la voiture.
f Est-ce que tu poses, Est-ce que tu réfléchis à, Est-ce que tu réponds à la question?

2

verb	*je* form	*tu* form	*il/elle* form
faire *to do*	fais	fais	fait
mettre *to put*	mets	mets	met
prendre *to take*	prends	prends	prend
dire *to say/tell*	dis	dis	dit
voir *to see*	vois	vois	voit
avoir *to have*	ai	as	a
être *to be*	suis	es	est
aller *to go*	vais	vas	va

verb	*nous* form	*vous* form	*ils/elles* form
faire *to do*	faisons	faites	font
mettre *to put*	mettons	mettez	mettent
prendre *to take*	prenons	prenez	prennent
dire *to say/tell*	disons	dites	disent
voir *to see*	voyons	voyez	voient
avoir *to have*	avons	avez	ont
être *to be*	sommes	êtes	sont
aller *to go*	allons	allez	vont

3
a dit, b prends, c mettons, d fait, e voient, f va, g avez,
h sommes

The perfect tense (1) (page 8)

1
a iv, b viii, c vii, d i, e iii, f v, g vi, h ii

2
pu, eu, vu, reçu, pris, lu, dit, dû, mis, ouvert, été, bu

3
a lu, b bu, c ouvert, d pris, e vu, f dit, g reçu, h pris, i pu, j dû

4
a arrivé, b restées, c tombée, d rentrée, e descendue, f partie,
g entrées, h nés

Negatives (page 9)

1
a Hugo, b Camille, c Nathan, d Manon, e Emma, f Lucas,
g Sophie, h Oscar

2
a Je ne vais plus à la piscine.
b Il n'a rien mangé au restaurant.
c Elle ne mange ni viande / poisson ni poisson / viande.
d Il n'a rencontré personne.
e Je ne suis jamais allée en Italie.
f Elle ne va nulle part parce qu'il pleut.

3
a Je n'ai jamais piloté un avion.
b Il ne veut rien manger.
c Je n'ai aucun problème.
d Il ne fait qu'un repas par jour.
e Nous n'avons plus soif.
f Il n'a jamais rencontré ma mère.

The immediate future (*aller* + infinitive) (page 10)

1
a vais – I'm going to (to go to) Italy next year.
b vont – Tomorrow, Sarah and Manon are going (to go to)
the cinema.
c va – Lucas is going to eat at our house this evening.
d allons – Later, we're going to go for a walk in the park.
e va – Who is going to win?
f vont – The two boys are going to go swimming.
g allez – When are you going to come home?
h vas – Are you going to go shopping with me?

2
a Nous allons acheter des provisions.
b À quelle heure est-ce que vous allez partir?
c Tu vas étudier pour ton examen?
d Ils vont faire un gros gâteau.
e Les filles vont jouer au foot dans le jardin.
f Qui va répondre à la question?
g Je vais te rendre ton stylo tout de suite.
h Elle va me téléphoner à six heures.

3
Students' own answers.

Personal pronouns (page 11)

1
a Je, b Tu, c Ils, d On, e Nous, f Elles, g Vous, h Elle

2
a moi, b toi, c Eux, d toi, e lui, f elles, g vous, h lui

3
a Il, b moi, c Tu, d Elle, e Elles, f toi, g Moi, toi, h vous

Section 1: Grammar practice

The present tense (2) (page 12)

1

	pouvoir	vouloir	devoir	savoir
je	peux	veux	dois	sais
tu	peux	veux	dois	sais
il/elle/on	peut	veut	doit	sait
nous	pouvons	voulons	devons	savons
vous	pouvez	voulez	devez	savez
ils/elles	peuvent	veulent	doivent	savent

2
a peut, b sait, c doivent, d veux, e peut, f voulez, g doivent,
h sais

3

			correct spelling
je	snive		viens
tu	vines		viens
il/elle	nivet		vient
nous	snovne		venons
vous	zenev		venez
ils/elles	teenvinn		viennent

4

a Ils viennent de manger tous les biscuits.
b Je viens de créer un blog.
c Tu viens de voir ma mère?
d Est-ce que vous venez d'envoyer le texto?
e Paul vient de perdre sa clé USB.
f Je viens de manquer le dernier bus.
g Nous venons de réussir nos examens.
h Elle vient de poster de nouvelles photos.

The present tense of reflexive verbs (page 13)

1

a se, b se, c me, d nous, e te, f se

2

a me lève, b nous promenons, c se moquent, d s'amuse,
e vous débrouillez, f te couches

3

a me brosser, b s'entendent, c se dépêcher, d m'amuse,
e se sent, f vous coucher, g s'ennuie, h te trompes

4

Suggested answers
a I don't need to brush my teeth. I did it this morning.
b They don't get on well. They argue all the time.
c They must / should hurry up. They are going to be late.
d I enjoy myself / have a good time with Sébastien. We
  always play games together on my computer.
e I think he is sick. He doesn't feel well.
f You must / should go to bed before 10 o'clock. Otherwise
  you will be tired tomorrow.
g She doesn't like going to my grandparents' / my
  grandparents' home. There is nothing to do. She is bored
  the whole time.
h You're not very good at maths. You often make mistakes.

The imperfect tense (1) (page 14)

1

a habitions, b écoutais, c dînais, d rendaient, e jouaient,
f connaissais, g lisiez, h avait

2

a iii, b iv, c i, d ii, e vi, f viii, g v, h vii

3

a était, b n'avait, c souffrait, d faisait, éveillait, e réfléchissait,
f possédait, g voulait, h pleurait

The perfect tense (2): irregular verbs and reflexive verbs (page 15)

1

T	L	K	C	S	Z	P	M	R
B	U	C	O	N	D	U	I	T
V	É	C	U	Y	Û	X	S	C
E	W	P	R	I	S	S	C	R
N	C	R	U	N	R	U	O	A
U	Q	L	T	M	E	I	N	I
D	X	V	U	P	Ç	V	N	N
D	V	O	U	L	U	U	I	T

2

a couru, b pris, c reçu, d lu, e venu, f vécu

3

1d, 2a, 3e, 4h, 5f, 6g, 7c, 8b

4

a Elle s'est trompée de numéro.
b Nous nous sommes retrouvé(e)s devant la salle de concert.
c Il s'est disputé avec ses parents.
d Clara et Nathan se sont embrassés.
e Paul s'est perdu dans le bois.
f Elles se sont amusées à la fête.

Infinitive constructions (1) (page 16)

1

a cuisiner, b vouloir, c dire, d apprendre, e marcher

2

verbe + infinitif	verbe + *à*	verbe + *de*
aimer	*réussir*	*décider*
préférer	encourager	refuser
vouloir	apprendre	finir
détester	commencer	arrêter
devoir	aider	oublier
pouvoir		
savoir		
espérer		

3

a Elle préfère visiter des sites de rencontre.
b Arthur encourage ses copains à échanger des fichiers.
c Ma copine refuse de voir des films sous-titrés.
d Est-ce tu apprends à conduire?
e Mon frère espère étudier l'informatique à l'université afin
  de devenir programmeur.
f J'aide ma petite sœur à faire ses devoirs sans hésiter.
g Depuis quand avez-vous arrêté de fumer?
h Mathilde économise pour acheter des jeux vidéo.

Direct object pronouns (page 17)

1

a v, **b** iv, **c** i, **d** vii, **e** ii, **f** iii, **g** viii, **h** vi

2

a mangée, **b** laissées, **c** postées, **d** prise, **e** vérifiés, **f** volée, **g** construit, **h** perdue

3

a Il les offre à sa mère.
b Elle l'a vu.
c Nous la racontons aux enfants.
d Mes parents ne l'aiment pas.
e Julie le promène.
f Paul l'a perdu.
g À quelle heure est-ce que vous l'avez rencontré?
h Est-ce que tu l'as vue?

Indirect object pronouns (page 18)

1

anglais	français
to give to	donner à
to ask	demander à
to talk / speak to	parler à
to send to	envoyer à
to phone	téléphoner à
to answer / reply to	répondre à
to tell / say	dire à
to write to	écrire à

2

a Je lui donne la tablette.
b Mes parents leur ont envoyé un message électronique.
c Elle lui a écrit un texto.
d Paul lui offre des fleurs.
e Elle leur a demandé de se taire.
f Il lui a donné un pourboire.
g Elle lui a dit la vérité.
h Le perroquet leur a parlé.

3

a i, **b** iii, **c** ii, **d** i, **e** iii, **f** iii

The pluperfect tense (1) (page 19)

1

a mon ami avait divorcé, **b** tu avais épousé, **c** les filles avaient vendu, **d** j'avais oublié, **e** nous étions restés, **f** vous n'aviez pas fait

2

a iii, **b** iv, **c** i, **d** vi, **e** ii, **f** v

3

a Maman m'a dit que ma grand-mère était partie en vacances.
b On m'a dit que le prof avait quitté le collège.
c Il m'a dit que Léa était sortie avec Oscar.
d Elles nous ont dit que tu avais oublié la réponse.
e Je lui ai dit que les voisins avaient vendu leur maison.
f Nous leur avons dit que vous aviez perdu votre portable.

4

Students' own answers.

Connectives (page 20)

1

conjonction française	équivalent anglais
donc / alors	so / therefore
parce que / car	because
comme / puisque	since / as
quand / lorsque	when
ensuite / puis	afterwards / then
aussitôt que / dès que	as soon as
tandis que / alors que	whereas / while
cependant / pourtant	however
d'ailleurs / en plus	moreover
d'abord	firstly
enfin	finally

2

a iii, **b** v, **c** iv, **d** vi, **e** i, **f** ii

3

a cependant / pourtant
b donc / alors
c aussitôt qu' / dès qu' / quand / lorsqu'
d tandis que / alors que
e parce que / car
f lorsque / quand / aussitôt que / dès que

4

Students' own answers.

The future tense (1) (page 21)

1

a il partira, **b** je vendrai, **c** mes parents danseront, **d** mon copain aidera, **e** nous travaillerons, **f** vous rougirez

2

R	E	C	E	V	R	V
P	A	U	R	E	P	O
O	S	N	I	R	T	U
U	A	F	E	R	Y	D
R	U	R	R	S	E	R
R	R	D	E	V	R	W
V	I	E	N	D	R	Q

3

a Nous verrons le nouveau film.
b Ma mère fera une randonnée à la campagne.
c Je recevrai son message.
d Nous aurons peur à la fête d'Halloween.
e Vous serez surpris par la nouvelle.
f Mon frère devra travailler plus dur.

4

Students' own answers.

Si clauses using the present and future tenses (page 22)

1

a v, b i, c vii, d vi, e ii, f iii, g iv, h viii

2

a reçois, b accompagnerai, c fais, d pourrai, e sera, f prendrai, g regrettera, h gagnes

3

a Si tu cours aux magasins, tu seras fatigué.

b Ils auront mal au cœur s'ils mangent tous les biscuits.

c Elle boira de l'eau si elle a soif.

d Si la voiture ne démarre pas, nous irons à pied.

e Si mes parents me le permettent, je sortirai avec toi.

f Si je trouve ton portable, je t'appellerai.

g Si elle manque le dernier bus, elle rentrera en taxi.

h Qu'est-ce que tu feras s'il pleut?

4

Students' own answers.

Section 1: Mixed practice (pages 23–26)

1

a ii, b iv, c vi, d viii, e i, f iii, g v, h vii

2

a je dormais, b j'allais, c il est arrivé, d elle écoutait, e tu m'as appelé, f Nous parlions, g je suis allé, h il est arrivé, i il portait, j j'ai entendu

3

a est devenue, b violentes, c sembler, d sexuels, e rend, f sont, g disent, h savons, i dangereuses, j prennent

4

a Je lui ai dit de se calmer.

b Ses parents la traitent comme une enfant.

c La fille leur parle de façon insolente.

d Quand elle était petite, elle les respectait.

e Il lui a écrit une lettre d'amour.

f Nous leur avons parlé de nos problèmes.

g Les parents doivent toujours les écouter.

h Il faut leur faire confiance.

i Je le vois rarement car il voyage beaucoup.

j Ce soir, ma grand-mère les garde.

5

a Il était arrivé le premier.

b Nous étions allés au cinéma.

c J'étais tombé de mon vélo.

d Elle avait téléchargé le film.

e Tu m'avais appelé avant de manger.

f Il nous avait interrompus plusieurs fois.

g Elles étaient nées avant le divorce de leurs parents.

h Gabriel et Paula s'étaient fiancés avant de se marier.

i Beaucoup de couples avaient vécu en concubinage.

j Le soleil s'était couché avant notre arrivée.

6

a Elle leur a parlé.

b Elle l'a mise.

c Comment l'as-tu perdue?

d Tu les as connues?

e Est-ce que vous leur avez téléphoné?

f Karine l'a vu plusieurs fois.

g Je ne peux pas lui faire confiance.

h Nous lui avons montré l'erreur.

7

a parce que, b cependant, c tandis que, d dès que, e lorsque, f puis, g comme, h car

8

a épousera, b vivront, c auront, d serons, e finiront, f deviendront, g se produiront, h évitera

9

a à, b à, c de, d de, e à, f à, g à, h de

10

a Ce film d'animation est sorti en novembre.

b Les jeunes spectateurs sont venus nombreux.

c Dans le film, la princesse est née pendant la guerre.

d Elle est tombée aux mains d'un groupe de brigands.

e Les brigands sont retournés dans la forêt avec leur proie.

f Le prince est parti à la recherche de la princesse.

g Naturellement, le prince et la princesse sont tombés amoureux.

h Ils ne sont pas morts, bien sûr.

i Les spectateurs sont rentrés chez eux, le sourire aux lèvres.

j Félicitations au réalisateur qui a réussi à faire un joli film.

Section 1: Translation practice

French to English (pages 27–28)

1

français	anglais
à l'avenir	in the future
le bénévolat	voluntary work
les clients	customers / clients
d'ailleurs	moreover
gratuit	free
grave	serious
un moyen	a method / way
en moyenne	on average
négliger	neglect
une offre spéciale	a special offer
partout	everywhere
passer (du temps)	spend time
permettre	allow
la publicité	advertising
un réseau social	social network
vivre	to live

2

Suggested answers

a Social networks are becoming more and more popular.

b Young people spend on average two hours a day (on them).

c Social networks are a free and easy method of communicating with others.

d One can communicate with friends or (members of the) family everywhere / anywhere in the world.

e It is difficult to believe that social networks did not exist twenty years ago.

f Moreover, they have allowed businesses to have direct contact with their customers.

g In the future, customers will receive more and more advertising, for example special offers.

h However, they can be addictive. That / This can cause serious problems.

i Some (people) have neglected their work because they had been occupied with social networks.

j Can you live without them?

3

Suggested answer

Volunteers give their time because they want to make a difference. Voluntary work can help you meet people: you will be part of a team of volunteers and you will be able to participate in special events. You are also going to develop new skills. Many young people say that they have gained professional / work experience through voluntary work. Organising events will allow you to have experience of marketing and relations with the media / media relations.

4

Suggested answer

The musician Kassoum was born in Mali. He grew up in a family of players of traditional instruments. He started to sing at a very young age. At 14 he learned to play the guitar, then he came to France but he never succeeded in finding the kind of music he was looking for. It's in Germany that he found his inspiration. German music reminded him of his origins.

5

Suggested answer

This is the story of a man called Paul Radin. He lived on a little farm. He was married and he only had one daughter. Paul was very poor, but he worked hard. One evening, Paul went out as usual, and he walked into the fields where there were trees. The moon was shining and gave out a beautiful light. Suddenly, Paul saw a man with strange hair who was jumping from tree to tree. The man came down from the tree, stopped in front of Paul and said to him: "You must not be afraid of me, I will do you no harm."

English to French (pages 29–30)

1

anglais	français
to contribute	contribuer
to recommend	recommander
to appreciate	apprécier
to protect	protéger
to reduce	réduire
to simplify	simplifier
to get on with	s'entendre avec
divorced	divorcé(e)
single	célibataire
married	marié(e)
relationships	les rapports / les relations
to happen	se passer / arriver / se produire
in the world	dans le monde
online fraud	la fraude en ligne
bullying	l'intimidation
personal details	les données personnelles / les détails personnels
to replace	remplacer
a billion	un milliard
social class	la classe sociale
an opening	une ouverture
entertainment	le divertissement
the beginning	le début
to dream	rêver

2

Suggested answers

a Quand j'ai lu l'article, j'ai décidé d'aider à protéger les monuments historiques.

b Alors / Donc l'année dernière, j'ai rencontré un groupe de gens / personnes qui organisent des activités pour encourager le public à apprécier les bâtiments anciens.

c L'organisation m'a permis de me faire de / des nouveaux / nouvelles ami(e)s et de contribuer d'une manière / façon positive.

d Je recommanderai le bénévolat à mes ami(e)s parce qu'ils / elles trouveront cette expérience utile et agréable.

e Si mes ami(e)s décident de m'aider, je serai très content(e) et je suis certain(e) qu'ils / elles s'amuseront bien.

3

Suggested answer

En mai, j'ai rencontré un homme sur Internet. Il habitait à Marseille, comme moi. Il était divorcé et il avait trois enfants. J'étais célibataire, jamais mariée et je n'avais pas d'enfant. Avec ses enfants, les rapports avaient été excellents dès le début. On s'entendait / Nous nous entendions très bien. Malheureusement, les relations de mon partenaire avec son ex-femme ne sont plus bonnes. J'espère que j'aurai bientôt un enfant. Je sais que mon partenaire aimera le futur bébé comme ses autres enfants.

4

Suggested answer

Les nouvelles technologies simplifient la vie. Elles ont réduit le temps de communication. Aujourd'hui, la communication entre différents pays est presque immédiate. Et, naturellement, on peut s´informer sur les événements qui se passent dans le monde. Cependant, la cyber-société a créé une nouvelle forme de criminalité et de délinquance, par exemple la fraude en ligne et l'intimidation. La violation des données personnelles est un danger qui se répandra.

5

Suggested answer

Le cinéma est devenu la forme d'art la plus répandue. Il a remplacé la peinture, la lecture et le théâtre. Des millions de spectateurs vont au cinéma pour s'amuser. Toutes les classes sociales sont représentées, tous les âges, toutes les nationalités. Le cinéma, fenêtre ouverte sur d'autres cultures, représente donc plus qu'un simple divertissement. C'est aussi une industrie. Des millions de personnes / gens (partout) dans le monde travaillent dans le cinéma. Le cinéma américain a toujours eu un objectif commercial. Les États-Unis ont essayé de faire des films qui font rêver le public.

Section 2: Grammar practice

Adjectives (2) and adverbs (page 31)

1

a vieil, b belles, c nouvel, d vieille, e bel, f nouvelles, g vieilles, h bel

2

a premièrement, b récemment, c apparemment, d parfaitement, e fréquemment, f particulièrement, g actuellement

3

a souvent, b toujours, c trop, d toujours, e tard, f déjà, g tôt, h soudain

Comparative and superlative of adjectives and adverbs (page 32)

1

a plus, b moins, c aussi, d plus, e moins, f aussi, g plus, h moins

2

a iv, b i, c viii, d v, e vii, f ii, g iii, h vi

3

a le plus ancien, b moins haute, c les plus longues, d plus chère, e le plus élevé

4

Students' own answers.

The conditional (1) (page 33)

1

a aimerais, b téléphonerait, c semblerait, d aideraient, e paraîtrait, f réussirions, g arriveraient, h comprendraient

2

¹A	U	R	A	²I	E	N	³T		⁴V
				R			U		I
	⁵F	E	R	A	I	⁶S			E
⁷I				I		E		⁸O	N
L				T		R			D
S		⁹J				A			R
	¹⁰D	E	V	R	A	I	T		I
¹¹T						T			O
U									N
	¹²R	E	C	E	V	R	A	I	S

Horizontalement

1 auraient, 5 ferais, 8 on, 10 devrait, 12 recevrais

Verticalement

2 irait, 3 tu, 4 viendrons, 6 serait, 7 ils, 9 je, 11 tu

3

a Pourriez-vous me donner l'heure?
b Tu pourrais m'appeler demain?
c Nous voudrions lui parler.
d Il souhaiterait prendre une année sabbatique.
e Elles préféreraient faire du bénévolat.
f Tu aurais un stylo?
g Tu pourrais me donner son adresse?

The subjunctive (1) (page 34)

1

a intéressez, b intéressiez, c détestions, d viens, e vend, f choisisse

2

verbe	je (j')	elle	nous	ils
être	sois	soit	soyons	soient
avoir	aie	ait	ayons	aient
aller	aille	aille	allions	aillent
faire	fasse	fasse	fassions	fassent
pouvoir	puisse	puisse	puissions	puissent

3

a sois, b écrivent, c fassiez, d dessinent, e obtienne, f puissions, g fasse, h deviennent

4

a You must be on time.
b The teacher wants them to write notes.
c It is essential you do your homework.
d I don't want them to draw on the walls.
e It is possible for him to get a good mark.
f It is necessary that we protect our heritage.
g She must make more effort.
h We don't want them to become violent and aggressive.

Answers

Question forms (page 35)

1
a Est-ce que vous voulez aller au cinéma?
b Est-elle contente de son nouveau portable?
c Est-ce que tu veux nous accompagner au musée d'art moderne?
d Habite-t-elle toujours chez ses parents?
e Ont-ils vendu leur bel appartement?
f Est-ce qu'il va accepter le nouveau poste?

2

anglais	français
when?	quand?
how much / many?	combien?
where?	où?
which / what? (+ noun)	quel / quelle / quels / quelles?
how?	comment?
why?	pourquoi?
how long?	combien de temps?
what? (+ verb)	que / qu'est-ce que?
who?	qui?
what?	quoi?

3
a quand, **b** Où, **c** Quel, **d** combien, **e** Comment, **f** Pourquoi, **g** Combien, **h** Qu'est-ce qu'

4
Students' own answers.

The imperative (page 36)

1
a iii, **b** iv, **c** vi, **d** v, **e** ii, **f** i

2
a Sophie, rends le stylo!
b Florian, finis ta soupe!
c Sophie et Florian, ne parlez pas trop fort!
d Florian, n'embête pas Sophie!
e Sophie et Florian, faites vos devoirs!
f Jouons du piano!
g Florian et Sophie, soyez sages!
h Écoutons la chanson!

3
a Appelle-le tout de suite.
b Aidez-moi à faire la vaisselle.
c Prenons le bus pour aller à la piscine.
d Ne lui montre pas cette photo.
e Levez-vous quand le prof entre dans la salle.
f Baisse le volume de ta musique, c'est trop fort.
g Ne vous couchez pas trop tard.
h Regardons le vidéoclip que tu as téléchargé.

Si clauses with the imperfect and the conditional (page 37)

1
a viii, **b** i, **c** v, **d** vi, **e** iv, **f** vii, **g** ii, **h** iii

2
a avait, **b** aurait, **c** arriverions, **d** voyaient, **e** dirais, **f** épousait, **g** écouterais, **h** aiderais

3
Students' own answers.

4
Students' own answers.

Infinitive constructions (2) (page 38)

1
a ne pas avoir peur, **b** ne pas le faire, **c** ne pas lire, **d** ne pas voir, **e** ne pas télécharger, **f** ne pas avoir faim, **g** ne pas être

2
a manger, **b** réviser, **c** partir, **d** aller, **e** dormir, **f** bouger, **g** être, **h** impressionner

3
a Après avoir passé deux heures à la bibliothèque, elle est rentrée chez elle.
b Après avoir aidé mon frère, j'étais content.
c Après être arrivé à l'aéroport, il a rencontré son collègue.
d Après être venus ici, ils m'ont offert des fleurs.
e Après avoir économisé assez d'argent, il a acheté une voiture.
f Après avoir dîné ensemble, on est allés en boîte.
g Après m'avoir dit au revoir, il est parti.
h Après m'être levé, je me suis douché.

Si clauses with the pluperfect and conditional perfect (page 39)

1
a avait – If she had had the time, she would have written to him / her.
b aurais – If you had worked harder, you would have passed your exam.
c étaient – If they had left earlier, they wouldn't have missed the start of the film.
d aurais – You could have warned me sooner / earlier.
e l'aurais – If she had asked me politely, I would have helped her.
f J'aurais – I would have preferred to become a script writer.
g aurait – Who'd have thought / believed it?
h aurait – According to him, he would have been able to find an interesting job.

2
a aurais pris, **b** serait allée, **c** auriez appris, **d** aurions dit, **e** auraient écouté, **f** serais resté, **g** seraient venus, **h** aurais offert

3
Students' own answers.

Connectives which take the subjunctive (page 40)

1

anglais	français
although	bien que / quoique
so that	pour que / afin que
provided that	pourvu que / à condition que
unless	à moins que
before	avant que
until	jusqu'à ce que
whatever	quoi que
without	sans que

2

a pourvu qu', b avant que, c Bien qu' / Quoiqu', d sans qu',
e Quoi que, f pour que / afin que, g jusqu'à ce que,
h à condition que

3

a finisse, b fait, c reviennent, d préfère, e puissent, f finisses,
g répond, h ait

4

Students' own answers.

Section 2: Mixed practice (pages 41–44)

1

a seraient, b aurait trouvé, c respectes, d partiraient, e lisaient,
f avait su, g arrivera, h auriez pu, i aurait, j aurait dû

2

a il y a quatre ans
b personne ne lui parlait
c mon meilleur ami
d rien de spécial
e deux ou trois
f elle a pris un taxi
g mes parents me l'ont offerte
h je ne me rappelle plus

3

a on dise, b on sorte, c je prenne, d tu fasses, e ils lisent,
f il puisse, g elles soient, h elle vienne

4

a viens, b fassent, c est, d ait, e comprenions, f puisse,
g soutenir, h réponde, i saches, j veulent

5

a faux, b faux, c vrai, d vrai, e faux, f vrai, g vrai, h faux

6

Students' own answers.

7

a i Nous avons acheté du popcorn avant de voir le film.
  ii Après avoir acheté du popcorn, nous avons vu le film.
b i Elle a joué du piano avant de se reposer.
  ii Après avoir joué du piano, elle s'est reposée.
c i Les filles sont allées au concert avant de prendre un verre au bar.
  ii Après être allées au concert, les filles ont pris un verre au bar.

d i Mes parents se sont mariés avant de vivre à Lyon.
  ii Après s'être mariés, mes parents ont vécu à Lyon.
e i Léa est entrée dans la salle avant de me dire bonjour.
  ii Après être entrée dans la salle, Léa m'a dit bonjour.
f i Je me suis disputée avec mes parents avant de m'excuser.
  ii Après m'être disputée avec mes parents, je me suis excusée.
g i Il a lu le journal avant de sortir faire ses courses.
  ii Après avoir lu le journal, il est sorti faire ses courses.
h i Elles se sont douchées avant de prendre le petit déjeuner.
  ii Après s'être douchées, elles ont pris le petit déjeuner.

8

a écrive, b choisisse, c aient, d apprenne, e arrête, f ailles,
g puisse, h ait, i reçoive, j prennent

9

a beaux, b nouvel, c vieille, d vieil, e nouvel, f longue,
g grosses, h franche

10

a Calme-toi.
b Levez-vous.
c Allons au concert.
d Ne t'inquiète pas.
e Ne soyez pas en retard.
f Suivez le guide.
g Ne nous disputons pas.
h Confie-toi à ton meilleur ami.
i Offrez-leur des fleurs.
h Donne-lui mes félicitations.

11

a Prend-il le train chaque matin?
b Cet ordinateur, est-il fabriqué en Chine?
c Mange-t-on du couscous en Tunisie?
d Cette maison, a-t-elle un grand salon?
e Partent-elles pour Paris?
f Y a-t-il une pharmacie près d'ici?
g Sa sœur, habite-t-elle chez ses parents?
h Paul, va-t-il en Italie?

Section 2: Translation practice

French to English (pages 45–46)

1

français	anglais
la bande sonore	the soundtrack
une blague	a joke
blesser	to hurt / injure
le chômage	unemployment
un court métrage	a short film
déménager	to move house
les effets spéciaux	special effects
élever	to bring up
l'esprit	mind
un étranger	a foreigner
les heures de grande écoute	peak time
la mélodie	the tune

français	anglais
un ménage	a household
le niveau de vie	standard of living
les paroles	the words / lyrics
prétendre	to claim
un produit alimentaire	a food product
promouvoir	to promote
protéger	to protect
le réalisateur	film director
le scénario	the script
la tâche	the task
un témoin	a witness
à temps plein	full time

2
Suggested answers
a Single-parent families have become more and more common.
b Households made up of a single parent with children have doubled in only a few years.
c Three million children less than 18 years old / under the age of 18 are brought up either by their father or by their mother.
d In 85% of cases, it's the mother who is (the) head of the family.
e Normally she does not work full time.
f We must absolutely protect our artistic and cultural heritage.
g We should be worried / concerned because short films are becoming rarer and rarer / more and more rare.
h Nowadays, too many directors depend / rely on special effects and the soundtrack to ensure the success of their films.
i The script is believable / real / plausible and the actors could not have been better chosen.
j The lyrics / words of a song are often more important than the tune.

3
Suggested answer
When foreigners think of France, it's cooking / food / the cuisine which comes to mind. It is therefore not surprising that French food products are found all over the world. Cheese is as popular as wine. Gastronomy has always been useful to sell / in selling France. The government has just established / set up a new organisation which will have the task of promoting other aspects of France, such as fashion and cinema / film.

4
Suggested answer
Cyberbullying is the use of new technologies to intimidate, hurt or humiliate others. Many young people receive cruel texts or messages. Some put / publish / post photos online to mock their victims since it's easier to be cruel when you can't see the person. Unless one is a witness / one has witnessed the pain which cyberbullying causes, it is easy to claim that it's just a joke.

5
Suggested answer
It's a law which has just celebrated its 20th anniversary / birthday. The Toubon law imposed on radio stations a minimum percentage of French / francophone songs at peak hours / time so that the government can protect French music. If French artists sing in English, they are excluded. According to experts, if these quotas did not exist, we would not have such (a) richness in French songs / such rich French songs. And if quotas had not been imposed, regional music and French-speaking artists would not have known such success abroad. Although some stations disagree / do not agree with the law, the government will not change it.

English to French (pages 47–48)

1

anglais	français
abroad	à l'étranger
according to	selon
anger	la colère
to attract	attirer
building	un bâtiment
busy	occupé
a charity	une œuvre / association caritative
digital	numérique
to download	télécharger
an exhibition	une exposition
free	gratuit
seniors / older people	les séniors / les personnes âgées / les personnes du troisième âge
impressive	impressionnant
a local council	une municipalité (locale) / un conseil municipal
to make a film	tourner / réaliser un film
a prison	une prison
to publish	publier
to restore	restaurer
rewarding	enrichissant
to spend (money)	dépenser
worrying	inquiétant

2
Suggested answers
a Beaucoup de jeunes téléchargent la musique bien que ce soit souvent illégal.
b Pourquoi dépenser de l'argent pour acheter une chanson s'il est possible de l'avoir gratuitement sur Internet?
c La révolution numérique a permis aux producteurs de tourner / réaliser des films qui sont de plus en plus sophistiqués.
d Le nombre de films français a atteint un niveau record l'année dernière, selon la presse.
e Cependant, malgré ces statistiques impressionnantes, plus / davantage de réalisateurs français tournent leurs films à l'étranger.

3

Suggested answer

Récemment, un journal français a publié un article inquiétant sur les problèmes du cinéma français. Malheureusement, moins de gens vont au cinéma. S'ils vont au cinéma, ils voient généralement des films américains qui, selon les Français, sont moins intéressants et plus commerciaux. Un réalisateur célèbre a proposé une solution radicale. Il dit que si les acteurs français parlaient anglais, plus de spectateurs verraient leurs films. Bien que ce soit peut-être vrai, l'idée a provoqué beaucoup de colère.

4

Suggested answer

Les grands-parents peuvent jouer un rôle important. Ils sont souvent plus patients et moins occupés que les parents des enfants, bien qu'ils puissent se fatiguer plus facilement. Les grands-parents ont souvent plus de temps pour écouter et parler aux enfants. Bien sûr, si les grands-parents veulent s'entendre avec leurs petits-enfants, ils doivent essayer de les aider. Cependant, si un enfant parlait d'un problème sérieux, est-ce que le grand-parent devrait le dire aux parents?

5

Suggested answer

Si les châteaux et les églises ne vous intéressent plus, vous pourrez bientôt visiter une ancienne prison à Bordeaux. Ce nouveau musée ouvrira ses portes le weekend prochain. Le maire a décidé d'acheter le site il y a dix ans pour que les visiteurs puissent apprécier l'histoire de la ville. Après avoir restauré le bâtiment, la municipalité espère attirer des touristes. Si tout va bien, il y aura des expositions gratuites ouvertes au public. Selon Constance Dubois, la directrice du musée, il y aura beaucoup de choses à voir. « Venez nous voir. Jouez le rôle d'un prisonnier, imaginez les conditions affreuses, lisez les graffitis originaux aux / sur les murs! »

Section 3: Grammar practice

The present tense (3) (page 49)

1

a vivent – My parents have lived / have been living in Spain since last year.
b as étudié – How long did you study Russian?
c attendons – We have been waiting for the bus for half an hour.
d a – The festival has taken / has been taking place for more than 20 years.
e êtes – Have you been a teacher for long?
f sortent – They have been going out for two months.
g habitent – They've been living here for five years.
h a travaillé – She worked in the factory for two years.

2

verbe	je...	nous...
manger	*je mange*	*nous mangeons*
commencer	je commence	nous commençons
répéter	je répète	nous répétons
acheter	j'achète	nous achetons
promener	je promène	nous promenons
envoyer	j'envoie	nous envoyons
se rappeler	je me rappelle	nous nous rappelons

3

a comptant, b étant, c négligeant, d se douchant, e rangeant, f courant, g choisissant, h offrant

The future tense (2) (page 50)

1

a vi, b v, c ii, d viii, e i, f vii, g iii, h iv

2

a ira, b arriveront, c aura, d atterrira, e seras, f obtiendra, g sera né, h vivras

3

a aura oublié, b aura fini, c sera tombée, d me serai douché(e), e seront partis, f aura pris, g aura appris, h aura perdu

4

a Oscar has not come: he will have forgotten.
b She will have finished the work tomorrow.
c She is late. Her car will have broken down.
d When you come back, I will have had a shower.
e When you arrive, they will have gone on holiday.
f She will have had her breakfast when he gets up.
g She will finally have learned her lesson.
h He hasn't called me. He will have lost my number.

The conditional (2) (page 51)

1

a serait, b attendraient, c ferait, d passerais, e téléphonerais, f deviendrait, g voteriez, h dirait

2

a Oscar a répondu qu'il ferait la grève.
b Elle a dit qu'elle l'attendrait demain.
c Elles ont annoncé qu'elles seraient en retard.
d Il a dit qu'il deviendrait médecin.
e Tu m'as dit que tu ne la quitterais jamais.
f Elle m'a promis qu'elle ferait du bénévolat l'année suivante.
g Il m'a assuré qu'il la reconnaîtrait tout de suite.
h Il m'a dit qu'il viendrait au concert.

3

a serait, b aurait, c porterait, d mesurerait, e pourrait, f cacherait

The imperfect tense (2) (page 52)

1

a habitait, b ont fait, c jouiez-vous, d a vu, e venaient, f pensait, g êtes, h vivait

2

a avait, b déménageais, c assistais, d mangiez, e se levait, f allait, g était, h faisaient

3

Students' own answers.

The perfect tense (3) (page 53)

1

a comptés – iii, b choisie – ii, c perdues – i, d rencontrée – ii, e bus – iii, f appelée – i, g aidés – i

2

a lu, envoyées, **b** conduit, achetée, **c** vues, parlé, **d** vérifié, distribués, **e** oubliées, **f** compris, faits, **g** lu, écrits, **h** tombé, rencontrée

3

a n'ait pas réussi, **b** est revenu, **c** as pris, **d** soit allé, **e** est sorti, **f** ait travaillé, **g** soient rentrés, **h** avons (déjà) vu

The pluperfect tense (2) (page 54)

1

a iv, **b** i, **c** ii, **d** vi, **e** iii, **f** v

2

a étaient rentrés – I thought that my parents had come home.
b avait oublié – She thought that he had forgotten her name.
c étais venu(e) – We didn't know that you had come.
d avaient triché – The teachers thought that the pupils had cheated.
e avait perdu – They thought that the singer had lost his voice.
f avais vécu – We didn't know that you had lived in France.
g s'étaient lavés – The girls did not think that the boys had washed.
h avait passé – The police didn't know that he had spent six months in prison.

3

a venue, **b** reçu, **c** descendue, **d** achetées, **e** vues, **f** née, **g** recommandée, **h** choisie

The past historic (page 55)

1

La bonne grand-mère lui <u>cria</u>: « Entre ». Le loup <u>ouvrit</u> la porte. Il se <u>jeta</u> sur la bonne femme, et la <u>dévora</u> en moins de rien. Ensuite, il <u>ferma</u> la porte et <u>alla</u> se coucher dans le lit de la grand-mère. Il <u>attendit</u> le petit Chaperon rouge, qui <u>arriva</u> bientôt à la porte. Le petit Chaperon rouge, qui <u>entendit</u> la grosse voix du loup, <u>eut</u> d'abord peur, mais croyant que sa mère-grand était enrhumée, <u>répondit</u>: « C'est votre petite-fille le petit Chaperon rouge, qui vous apporte une galette et un petit pot de beurre que ma mère vous envoie. » Le loup lui <u>cria</u>: « Entre, ma chérie. » Et le petit Chaperon <u>ouvrit</u> la porte...

2

a dit, **b** défendit, **c** promit, **d** embrassa, **e** partit, **f** monta, **g** fut, **h** prit, **i** ouvrit, **j** vit, **k** remarqua

3

a a demandé, **b** n'a pas pu, **c** a dit, **d** l'a menée, **e** a commandé, **f** est allée, **g** l'a portée, **h** l'a frappée, **i** est devenue, **j** a trouvé, **k** sont devenues

The sequence of tenses (page 56)

1

a acceptait, **b** avaient, **c** avait été, **d** veux, **e** perdait, **f** perd, **g** avait gagné, **h** faisaient

2

a accepterais, **b** participeront, **c** aura, **d** aurait, **e** offrait, **f** demandera, **g** auriez, **h** signerait

3

a accepteras, **b** aura oublié, **c** arrivera, **d** pleuvrait, **e** avait écrit, **f** soit, **g** recommandait, **h** est entré

Section 3: Mixed practice (pages 57–60)

1

a naquit, **b** fit, **c** commença, **d** entra, **e** épousa, **f** devint, **g** exerça, **h** mourut

2

a aura – If the government takes measures, there will be less poverty.
b trouveraient – If unemployment fell, the disadvantaged / excluded would find work.
c payerons – If we do nothing, we will pay the price.
d aurait pu – If we had worked together, we could have found a solution.
e pourra – If you (we / one) fall ill, you (we / one) will be able to see a doctor.
f appellerait – She keeps her mobile in her hand all day in case he calls.
g aurait vécu – If we had not found decent accommodation, we would have lived on the street.
h aurait lieu – The journalist had been informed that a press conference would take place.

3

a sortie, **b** travaillant, **c** vécu, **d** cru, **e** choisissant, **f** connu, **g** permis, **h** commises

4

a brillait, **b** chantaient, **c** sentais, **d** observait, volait, **e** avait, **f** promenions, appréciait, **g** verdissaient, réchauffait, **h** avions

5

a promenés, **b** faits, **c** causé, **d** remerciés, **e** apprises, **f** parties, **g** achetées, **h** répondu

6

a sois, **b** vous concentriez, **c** dessinent, **d** ait, **e** puisse, **f** fasse, **g** mentent, **h** ait

7

a Il a dit à sa mère qu'elle irait manger au restaurant (le lendemain / le jour suivant).
b Il a dit à sa mère qu'il avait mangé au restaurant (la veille / le jour précédent).
c Elle a dit à sa copine que Hugo allait venir.
d Elle a dit à sa copine que Hugo était venu (la veille / le jour précédent).
e Elle a dit à sa copine que Hugo viendrait avec Elsa.
f Nous avons dit à nos parents que nous travaillerions dur.
g Ils ont dit à leur profs qu'ils avaient travaillé dur.
h Il a dit qu'il trouvait cet auteur passionnant.

8

a sois venu, **b** soit tombé, **c** aies oublié, **d** soient venues, **e** ait fini

9

a aurait compris – If she had paid more attention, she would have understood the subject.
b s'est cassé – She was playing football when she broke her leg.
c plaisait – In the past, his/her music pleased everyone / everyone liked his/her music.

d se sentirait – If my son had a job, he would feel more confident.

e se lèvera – As soon as the student gets up, he will do the housework.

f détends-toi – If you are stressed, relax a little.

g auront – When the elections take place, we will vote for you.

h te moques – You must not make fun of him.

10

Suggested answers

a Si elle avait gagné plus d'argent, elle aurait acheté une voiture. (conditionnel passé)

b Quand je quitterai l'école, je prendrai une année sabbatique. (futur)

c Si mon ami avait des problèmes, je l'écouterais. (conditionnel)

d Je vais essayer de le faire, bien que ce soit difficile. (subjonctif)

e Ils nous ont dit qu'ils arriveraient de bonne heure. (conditionnel)

f Quand elle était petite, elle jouait au foot. (imparfait)

Section 3: Translation practice

French to English (pages 61–62)

1

français	anglais
adhérer à	to join
appeler à la grève	to call a strike
arrêter (un malfaiteur)	to arrest (a criminal)
avoir droit à	to have the right to
une caméra de surveillance	a surveillance camera (CCTV)
une cellule	a prison cell
le congé de maternité	maternity leave
se dégrader	to get worse / to worsen
un détenu	a prisoner
efficace	effective
l'engagement politique	political engagement / involvement
une entreprise	a business / a company
la formation professionnelle	vocational training
une manifestation	a demonstration
une mesure	a measure
les milieux défavorisés	disadvantaged areas / backgrounds
un parti politique	a political party
un récidiviste	a reoffender
la réinsertion	rehabilitation
un syndicat	a trade union

2

Suggested answers

a The unions could call a strike if the employers refused their demands.

b Demonstrations will take place if the workers are not satisfied.

c We / One could have avoided conflict if the boss had offered a wage increase.

d In the next five years, the business will have created more than two thousand jobs / posts.

e The prime minister signed an agreement to allow women to prolong / increase their maternity leave.

f The journalist asked the minister to answer all these questions.

g The minister had refused to confirm the results of the study on the conditions in French prisons.

h The prisoners were / have been obliged / forced to stay in their cells because of a riot.

i After leaving prison, most prisoners will not be able to find work.

j To avoid reoffending, former prisoners must be able to find accommodation.

3

Suggested answer

A prisoner who has spent years in prison for several thefts talks to us about the lack of training in prisons. For him, violence will be inevitable / unavoidable if the situation continues to get worse: "I have been in prison / detention for ten years. They have just confirmed to me that I will be freed / released next week. I'm scared. We have the right to training so that our rehabilitation succeeds but this training is hardly adequate / sufficient."

4

Suggested answer

Crime has gone up over the last few years. The measures which the government has taken have been barely effective despite the considerable / large sums that they have / one has spent / have been spent. The number of reoffenders remains worrying. We could / might reduce delinquency by installing surveillance cameras. Moreover, young people from disadvantaged areas / backgrounds would have fewer chances / less chance of being arrested if they received vocational training. We should have encouraged these young people to finish their studies.

5

Suggested answer

Only 2% of young people aged less than 30 / under the age of 30 have joined a political party. They rarely join a union. A study which the government has just published shows that the young are abandoning the traditional forms of political commitment. Abstention rates / figures in elections will confirm this tendency / trend. In the last regional elections, most 18–24 year olds had not gone to vote. The study reveals that they prefer individual forms of expression. For example, 42% of young people have signed an online petition. A large number had taken part in a demonstration.

Answers

English to French (pages 63–64)

1

anglais	français
to arrest	arrêter
blood	le sang
beforehand	auparavant
to complain	se plaindre
covered in	couvert de
the crime rate	le taux de criminalité
to deserve	mériter
to despise	mépriser
drug dealer	un fournisseur de drogue / un dealer
to fight	se battre contre / combattre
a fight	une bagarre
to increase	augmenter
to be interested in	s'intéresser à
the media	les médias
optimistic	optimiste
police officer	un policier
police station	le poste de police
the political class	la classe politique
politicians	les hommes / femmes politiques / les politiciens
to release	relâcher
to trust	faire confiance à
to vote	voter
victim	une victime

2
Suggested answers
a Quand il parlera, personne ne l'écoutera.
b Il avait adhéré au parti quand il était jeune mais il l'a toujours regretté.
c Si cela avait été possible, elle aurait voté mais elle est trop jeune.
d Cependant, nous voulons que le gouvernement encourage les jeunes à s'intéresser à la politique.
e Cela aurait été plus facile si les politiciens avaient été plus honnêtes.

3
Suggested answer
Si on demande / vous demandez aux gens s'ils pensent que le taux de criminalité augmente, ils diront la même chose. Le public ne croit pas qu'il y ait moins de crimes / criminalité que dans le passé. Cependant, ce n'est pas vrai. Le taux de criminalité diminue / baisse depuis vingt ans. Si les médias étaient plus honnêtes, nous serions probablement plus optimistes. La presse publie souvent des histoires à sensation pour que plus de gens achètent les journaux. Si les journalistes étaient plus responsables, le public serait moins anxieux.

4
Suggested answer
Nous voulons que nos politiciens nous disent la vérité. Cependant, de moins en moins de gens ont une bonne opinion de la classe politique. La plupart des gens font confiance aux médecins et aux professeurs / enseignants, mais les politiciens ont une très mauvaise réputation qu'ils n'ont pas souvent méritée. Qu'est-ce que les politiciens peuvent faire pour améliorer la situation? D'abord, ils devraient utiliser les réseaux sociaux pour communiquer avec les jeunes, qui les méprisent plus que les personnes âgées.

5
Suggested answer
Quand Marcel est rentré (chez lui), (avec) ses vêtements couverts de sang, beaucoup de policiers l'attendaient. La police l'a arrêté et l'a emmené au poste de police. Il avait soutenu que son fournisseur de drogue, Raoul, avait commis le crime. Selon Marcel, Raoul était arrivé chez Marcel dans l'après-midi et lui avait demandé d'appeler Guido, la victime. Raoul et Guido s'étaient battus quelques mois auparavant et Guido avait gagné. Raoul se plaignait qu'il n'avait pas vu Guido depuis la bagarre. Guido se sauvait chaque fois qu'il le voyait.

Section 4: Grammar practice

The passive voice (page 65)

1
a La tarte est mangée par Enzo.
b Les tableaux sont vendus par l'artiste.
c Le poème est écrit par Chloé.
d Les professeurs sont respectés par les élèves.
e Les fleurs sont cultivées par ma mère.
f Beaucoup de maladies sont causées par le sucre.
g La grande maison est construite par les frères.
h Les spectateurs sont choqués par la chanteuse.

2
a La prison était détruite par les détenus.
b Les leçons ont été apprises.
c La brochure sera écrite par le patron.
d Tous ses rêves seraient détruits.
e Les vêtements avaient été choisis par les couturiers.
f Le vidéoclip aura été vu par tout le monde.
g Mes parents auraient été déçus par mes résultats.
h La décision a été déjà prise.

3
a On illuminera les bâtiments.
b On vide les poubelles le mardi.
c On a fermé les portes avant le concert.
d On avait vendu les souvenirs à la fin.
e On construirait des appartements près de la gare.
f On fait le pain à la main.

The subjunctive (2) (page 66)

1
a acceptent – These are the only cases which the lawyers accept.
b ait – They are the best holidays she has spent.
c connaisse – She tells me that it is the worst film she knows.

d puissions – It's the best investment that we can make.
e aient – You are the only person they have invited.
f ait – It's the worst result that he has obtained.
g vendions – It's the only model which we sell in the shop.
h aies – I think it's the first film you have seen.

2

	trouver	être	faire
que je	trouvasse	fusse	fisse
que tu	trouvasses	fusses	fisses
qu'il/elle	trouvât	fût	fît
que nous	trouvassions	fussions	fissions
que vous	trouvassiez	fussiez	fissiez
qu'ils/elles	trouvassent	fussent	fissent

	prendre	rendre
que je	prisse	rendisse
que tu	prisses	rendisses
qu'il/elle	prît	rendît
que nous	prissions	rendissions
que vous	prissiez	rendissiez
qu'ils/elles	prissent	rendissent

More about pronouns (page 67)

1
a Il en achète.
b Des enfants? Oui, j'en ai trois.
c Hier, elle y est allée.
d Il y réfléchit.
e Elle en rêve.
f J'y crois.
g Ils en ont parlé.
h Nous y avons passé huit jours.

2
a v, **b** i, **c** vi, **d** iii, **e** iv, **f** ii

3
a levées, **b** acheté, **c** parlé, **d** couchés, **e** permis, **f** rendu,
g blessée, **h** écrit

Relative pronouns (page 68)

1
a qui
b que
c dont
d dont
e qui
f qui
g que
h que

2
a iv, **b** vi, **c** ii, **d** i, **e** iii, **f** v, **g** vii

3
a ce qui, **b** ce que, **c** ce dont, **d** ce que, **e** ce qui, **f** ce que,
g ce dont, **h** ce qui

Demonstrative adjectives and pronouns (page 69)

1
a Cet, **b** ce , **c** cette, **d** Ces, **e** Ce, **f** Ce, **g** Ces, **h** ce

2
a celle, **b** celui, **c** celui, **d** ceux, **e** celle, **f** ceux, **g** celles, **h** celles

3
a iv, **b** i, **c** vi, **d** ii, **e** iii, **f** viii, **g** v, **h** vii
a This painting is famous but that one is less well-known.
b Louis? I think that he's the one at the back.
c Look at these novels, this one is by Balzac.
d I prefer this girl to that one.
e He had a headache that afternoon.
f Which photos? These ones with the black frame.
g This skirt is prettier than that one.
h The nicest fruits are these ones.

Possessive and indefinite pronouns (page 70)

1
a le sien, **b** la mienne, **c** la tienne, **d** les leurs, **e** les vôtres, **f** le tien

2
a les leurs, **b** la mienne, **c** le tien, **d** les vôtres, **e** la mienne,
f les siens

3
a quelque chose, **b** Tout le monde, **c** plusieurs, **d** Quelqu'un,
e quelques-unes / plusieurs, **f** On

Combining tenses: imperfect and perfect (page 71)

1
a faisaient, **b** allions, **c** rentrais, **d** faisait, **e** attendait,
f semblaient, **g** appelaient, **h** aboyait

2
a iv, **b** i, **c** v, **d** iii, **e** ii, **f** vii, **g** viii, **h** vi

3
a chantais, s'est moqué, **b** est parti, dormais, **c** sommes allés /
allées, était, **d** se couchait, a sonné, **e** a répondu, rêvait,
f voulais, s'en est allé, **g** se levait, prenait, **h** a pris, l'attendaient

4
Students' own answers.

Combining tenses: future perfect and conditional perfect (page 72)

1
a sera arrivé, **b** sera partie, **c** aura jeté, **d** vous serez couchés,
e aura parlé, **f** auras acheté, **g** aura fini, **h** seront rentrées

2
a revenue, **b** arrivé, **c** acceptée, **d** arrêtés, **e** fini, **f** pu,
g arrivés, **h** dû

3
a aurait trouvé, **b** auraient chanté, **c** aura écrit, **d** seras parti,
e aurait perdu, **f** aurais pu, **g** serons arrivés, **h** se sera couché

4
Students' own answers.

Infinitive constructions (3): impersonal verbs + dependent infinitives (page 73)

1

anglais	français
to rain	pleuvoir
to be a question of, to concern	s'agir de
to be necessary	falloir
to snow	neiger
to be sufficient	suffire
to be worthwhile	valoir (mieux)
to seem	sembler
to be important	être important (de)

2
Suggested answers
a résoudre, **b** partir, **c** suivre, **d** poser, **e** créer

3
Suggested answers
a pleuvoir, **b** Il vaut, **c** faut, **d** neige, **e** faut, **f** suffit

4
Suggested answers
a réparer, **b** peindre, **c** construire, **d** prêter, **e** couper

a He has had his bike repaired.
b We've had the living room walls painted.
c Louis XIV had the Palace of Versailles constructed.
d The boss had a car lent to him.
e I'm going to the hairdresser. I'm going to have my hair cut.

Word order (page 74)

1
a Peut-être pourras-tu lui pardonner un jour.
b Sans doute arriveras-tu en retard.
c Aussi a-t-elle décidé de l'accompagner.
d Toujours est-il que le chômage cause d'énormes problèmes.
e À peine est-elle arrivée qu'elle a commencé à travailler.

2
a « C'est une bonne idée », ajoutent-ils.
b « Il n'y aura pas de licenciements », nous a expliqué le patron.
c « Que voulez-vous? », avons-nous demandé.
d « Tu travailles trop », a-t-elle dit.
e « Le chômage va augmenter », ont-ils pensé.
f « Au secours! » criait-il.

3
a « Il faut toujours faire attention », a-t-elle expliqué.
b « Il vaut mieux accepter les conditions », déclare le Président.
c « La grève aura lieu mardi », confirme-t-il.
d « Les taux d'intérêt sont en baisse », m'a dit mon frère.
e « Mes élèves sont paresseux », a pensé le professeur.

Section 4: Mixed practice (pages 75–78)

1
a Ce roman a été écrit par Flaubert.
b Le monument a été construit par les Romains.
c Le village a été détruit par l'inondation.
d Le travail sera fini par le maçon.
e Les gâteaux sont vendus par les enfants.
f Le repas avait été préparé par le chef.
g Le français est parlé ici.
h Le magasin sera ouvert par le boulanger à huit heures.

2
a se sont levées, **b** descendaient, **c** ont remarqué, **d** était,
e avait, **f** ont reconnu, **g** appartenait, **h** ont appelé,
i s'inquiétait, **j** a dit, **k** sortait, **l** rentrait, **m** a disparu,
n a remercié, **o** a offert, **p** se sentaient

3
a serait venue, **b** auras lu, **c** aurais réagi, **d** auriez fait, **e** aurait
parlé, **f** aura rangé, **g** aura pris, **h** se seraient détendues

4
a Il n'y obéit jamais.
b Elles y sont allées.
c Il en a trop acheté.
d Elle les a mises dans son panier.
e Il leur en parle.
f Il leur en prend deux.
g Tu la lui as donnée?
h Il y en a beaucoup.

5
a celles-là, **b** ceux-ci, **c** celles-là, **d** celui, **e** celle, **f** celle-là,
g ceux, **h** celles

6
a soient venues, **b** as fini, **c** puisse rester, **d** le fasse, **e** a réussi,
f te mettes, **g** soit arrivée, **h** comprenne

7
a lequel, **b** lequel, **c** dont, **d** auquel, **e** lesquelles, **f** dont,
g laquelle, **h** auxquelles

8
a Il aime regarder les avions qui partent à l'autre bout du monde.
b Comment trouves-tu cette jupe que j'ai achetée hier?
c C'est un nouveau roman dont on parle souvent.
d Nous avons vu le film qui se passe au Maroc.
e J'ai perdu le truc dont je me sers pour éplucher des légumes.
f Je viens de voir un film que j'ai trouvé impressionnant.
g Je respecte beaucoup cette fille qui est très intelligente.
h Elle connaît la femme que mon oncle a épousée.

9
Students' own answers.

10
a osât, **b** n'entraînât, **c** arrivât, **d** coûtassent, **e** fussiez, **f** vînt

11
a ce qu', **b** ce qui, **c** ce qu', **d** ce qui, **e** ce qui, **f** ce que

12
a les miennes, **b** les siens, **c** le tien, **d** les leurs, **e** la vôtre,
f les siens

13

a Certains aiment le lait, d'autres le détestent.

b Quelqu'un a téléphoné.

c Elle a acheté quelques cadeaux.

d Je fais de la natation chaque matin.

e Elle a trouvé plusieurs erreurs.

f Tout va bien.

g Il a deux enfants. Chacun reçoit 30 000 euros.

h Tu as des stylos parce que moi, j'en ai quelques-uns.

Section 4: Translation practice

French to English (pages 79–80)

1

français	anglais
l'asile	asylum
un centre d'accueil	reception centre
un clandestin	illegal immigrant
contrôler	to check
croître	to grow
les démunis	the poor / destitute
un détenu	a prisoner
se durcir	to harden
au fil de	in the course of
fournir	to provide
le Maghreb	region of North Africa
un maghrébin / une maghrébine	a person from this area
le marché du travail	the job market
le marché noir	the black market
les marginalisés	the disadvantaged / excluded
la pauvreté	poverty
réagir	to react
la rémunération	pay, wages
restreindre	to restrain / limit / restrict
les sans-abris	the homeless
les sans-papiers	undocumented (people) / (people) without papers / documents
tenir à	to be keen on
vieillir	to age

2

Suggested answers

a A person who has a North African name has five times less chance than a person with a French name of getting a job.

b If anonymous CVs had been introduced, more jobs would have been obtained by young immigrants.

c What is important, is the introduction of measures to combat this problem which is not often spoken about in the media.

d However, there are a large number of jobs for which businesses cannot find enough workers.

e Before the end of the month, the police will have checked the identities of hundreds of young people in order to find people without papers.

f Those who cannot show / present their documents will be arrested and probably expelled / deported.

g The economic situation of the countries of North Africa is unfortunately not often better than that of France.

h Illegal immigrants are often betrayed by their bosses when the latter no longer need them.

i Fatima, a young refugee, slept / used to sleep in the street while waiting for the right moment to find a job on the black market.

j Children, like Fatima, prefer these difficult conditions rather than living in an overcrowded reception centre.

3

Suggested answer

For those who want to provide help to a homeless person, here are a few little things that you can do yourself, (some) simple gestures to come to their aid / to help them. Firstly, the hardest thing when someone is on the streets is the way in which others react. A smile, a hello, two minutes of conversation… it is so easy and so much better than passing by while looking at the screen of your phone.

4

Suggested answer

Immigration is useful in Europe. Economists are big defenders of the arrival of migrants in the job / labour market. The benefits are confirmed by all studies. In Europe certain / some countries see their population ageing / are seeing the ageing of their population but an economy needs an active job market to grow. Europe has always been a land of asylum. But the climate has hardened over the years. Today, surveys are clear: the people of Europe want to restrain / limit this flow / restrict entry. Seventy-five per cent of French people want this.

5

Suggested answer

In Senegal, children deprived of a good quality education are more likely to run the risk of being poor. If the parents of disadvantaged children had had access to a quality education they would possibly have avoided a life of exclusion and they would have participated more actively in society. From education will be born / will come the possibility of a decent job and sufficient / adequate pay / wages. These are the reasons for which African organisations which help the poorest children see education as crucial for all those who are vulnerable and excluded / disadvantaged. In thirty years' time, according to some experts, we will have eradicated poverty.

English to French (pages 81–82)

1

anglais	français
to apologise	s'excuser
to be ashamed	avoir honte
an author	un auteur / un écrivain
clean	propre
to commit a crime	commettre un crime / un délit
corrupt	corrompu
to elect	élire
elected	élu
to enrich	enrichir
an exchange	un échange
former, ex-	ancien, ancienne
hostility	l'hostilité
human rights	les droits de l'homme
to hurt	blesser
life expectancy	l'espérance de vie
to profit from	profiter de
to prosper	prospérer
to provide	fournir
to support	soutenir
values	les valeurs
Western aid	l'aide occidentale
widespread	répandu

2

Suggested answers

a L'année dernière, il m'a dit que c'était le meilleur livre qu'il ait lu.

b Des mesures seront prises dès que le gouvernement aura été élu.

c Balzac est l'auteur de nombreux romans. Il en a écrit quatre-vingt-onze. Lequel préfères-tu / préférez-vous?

d Quand elle est arrivée en France l'année dernière, elle avait honte parce qu'elle ne pouvait pas trouver de logement.

e Tous ceux qui prétendent que les démunis / pauvres portent la responsabilité de leur propre vie ont tort.

3

Suggested answer

L'immigration mène à un échange de valeurs culturelles. C'est aussi une occasion de partager les points de vue des autres. L'hostilité aux immigrés est une maladie à laquelle tous les pays riches devraient résister s'ils veulent continuer à prospérer. L'immigration est une façon d'enrichir notre culture. C'est une source d'innovation et de dynamisme. Nous devrions célébrer notre diversité à condition de participer / que nous participions aux activités culturelles d'une manière égale.

4

Suggested answer

On dit qu'il y a trop de gens dans nos prisons. Quelles mesures ont été prises pour combattre ce problème? Une solution possible, qui a été efficace, devient plus répandue. Des victimes veulent souvent rencontrer les malfaiteurs. Elles veulent qu'ils s'excusent et qu'ils expliquent les raisons pour lesquelles ils ont commis le crime. Une étude récente a montré que ceux qui ont participé à cette initiative sont très satisfaits.

5

Suggested answer

Le Togo est un des pays les plus pauvres du monde. L'espérance de vie est de cinquante-six ans. La pauvreté y cause beaucoup de problèmes: la plupart des enfants auront quitté l'école avant l'âge de quatorze ans pour pouvoir / afin de soutenir leurs familles. Actuellement, trente pour cent des enfants sont touchés par le manque d'eau propre, ce qui mène à des maladies graves / sérieuses. L'aide occidentale a été arrêtée à cause de violations des droits de l'homme par l'ancien président. Malheureusement, c'est la population locale qui souffre de l'absence d'aide étrangère. Si l'argent avait été versé directement à ceux qui en ont besoin, l'aide aurait été plus efficace. Le gouvernement corrompu n'aurait pas profité de la situation de la même manière / façon.